Stéphanie Kalfon

Die Regenschirme des Erik Satie

STÉPHANIE KALFON

Die Regenschirme des Erik Satie

Roman

Aus dem Französischen
von Nathalie Mälzer

OKTAVEN

Die Originalausgabe mit dem Titel *Les parapluies d'Erik Satie* erschien 2017 in der Reihe *Éditions Joelle Losfeld* bei Gallimard, Paris.

1. Auflage 2018

Oktaven

Ein Imprint des Verlags Freies Geistesleben
Landhausstraße 82, 70190 Stuttgart
www.geistesleben.com

ISBN 978-3-7725-3004-3

auch als eBook erhältlich

Gestaltungskonzept: Maria A. Kafitz
Umschlagfotos: Colourbox
Satz: Thomas Neuerer
Druck: GGP Media GmbH, Pößneck
Printed in Germany

Für Brice Faraut

Es war tragisch, absolut tragisch: Das Haus hatte die Form eines Hufeisens. Eine Art Keil.
Im zweiten Stock gab es ein allzu öffentliches, wenig diskretes WC, und es gab diese Tür, die seine.
Wir haben die Tür aufgebrochen und haben ein elendig armes Zimmer betreten.
Darin stand ein Eisenbett mit Decken der SNCF, keine Laken, und überall unfassbare Mengen an Staub.
Uns war, als müssten wir ersticken,
so versuchten wir, das Fenster zu öffnen, aber es ist uns nicht gelungen, weil Jahresschichten von Staub es blockierten.
Wir haben uns ein wenig überall umgesehen und waren von der Armut, vom Elend dieses Lochs erschüttert.
Es war derart unsäglich, dass man es nicht einmal mehr als Schmutz bezeichnen konnte,
als befände man sich in einem gigantischen Spinnennetz.

Jean Wiener

Als er das erste Mal das Zimmer von Arcueil betrat, in dem Satie den Tod fand
(wenn nicht umgekehrt)

UND ES BEREITETE MIR
GROSSEN KUMMER ...

1

Traurige Leute beneidet man nie. Man bemerkt sie. Man setzt sich in gewisser Entfernung von ihnen hin, entzückt über die kilometerweite Immunität, die uns gegenseitigen Schutz bietet. Traurige Leute lächeln viel, *möglich, ja, möglich*. Sie tragen in sich eine nutzlose Musik. Und ihr Schweigen streift Sie wie ein sich entfernendes Lachen. Traurige Leute gehen weiter. Vor Scham. Gehen fort, kehren wieder. Sie zwingen sich hinauszugehen, unaufdringliche Sommermacher … Überall herrscht Winter. Sie bemitleiden sich nicht: Sie gehen dahin. Höflich verschwinden sie aus dem Blickfeld. Sie erschaffen sich taktvoll eine Welt, ihre Welt, ohne irgendwen mit ihrer *inside* Hässlichkeit zu belästigen. Sie wissen, was zu sagen ist, um nicht zu stören. Es ist eine ganz eigene Kunst, im Gedächtnis Spuren von auslöschbarer Tinte zu hinterlassen …

Doch öffnet man die traurigen Leute, zerbrechen sie. Erschöpft. Es sind chaotische Wesen. Ihr Denken geht mal hierhin und mal dorthin, zieht Kreise und kehrt wie ein gotischer Bogen zurück zu den unabgeschlossenen, angehäuften, annotierten, wuchernden Dingen. Ein heilloses Durcheinander steckt in diesen Leuten. Der Gesellschaft missfällt das Chaos.

Heute Morgen ist das Wetter wie gewohnt milchig grau, etwas kühl, aber nicht anhaltend. In dem kleinen Park hört man (leisen) Lärm und der Himmel fragt sich, wie er sich verhalten soll. Die Eichenblätter machen ein schlotterndes Geräusch, da geht Erik Satie, dort hinten, er kommt aus der Tiefe des Jahrhunderts, an einem Morgen wie diesem. Man erkennt ihn an seinem klickenden Gang, seinem synkopischen Regenschirm. Er besieht sich den Monat Mai, ohne etwas zu beanstanden. Nicht leicht, sich diesen kleinen außergewöhnlichen Mann vorzustellen. Ein ehrliches Porträt von ihm müsste ohne jede Ordnung geschrieben werden, nach seinem Bilde. Und man müsste die Spielregeln akzeptieren – die, wie Sie sehen werden, nichts regeln. Ein Porträt, das ihm ähnlich sähe, müsste zwangsläufig chaotisch sein, wie sein entsetzliches kleines Zimmer in Arcueil. Hier nun, was sich über ihn sagen lässt …

Mit fünfunddreißig Jahren, im Mai 1901 (am siebzehnten, um präzise zu sein), ist Erik Satie vollkommen pleite. Er werkelt an einer Pantomime namens *Jack in the box* (die nie aufgeführt werden wird). Die Jugendabenteuer im Chat Noir gehören der Vergangenheit an, er hat sich ins Exil begeben, in die Banlieue, in dieses Elendshaus. Er hasst es, untätig zu sein. Er nagt am Hungertuch. Er tut so, als wäre er in diesem unbeheizbaren Zimmer gut eingerichtet, er tut so, als hätte er sich diesen Rückzugsort ausgesucht, aber er verbringt seine Zeit damit, aus dem Fenster zu sehen: zu sehen, wie die anderen leben, die anderen, ja, und er und er, er zieht Bilanz. Häufig schreibt er seinem Bruder Conrad. Ihm ist nicht mehr nach Scherzen. Abends, wenn er zu Fuß von Paris heimkehrt, hat er Angst. Die Armut zwingt ihn, zu Fuß zu gehen. Das hindert ihn nicht, in seinem Kopf umherzuirren, sich im Kreis zu drehen. Er halluziniert. Er ist allein. Er ist allein. Er ist allein. Mit der Liebe ist er fertig, mit der Schwärmerei ist er fertig. Debussys Erfolg!!!! Eine ständige Obsession … Nun heißt es, musikalisch «zu neuen Ufern aufbrechen», Satie sucht nach einem Weg. Gewiss hat er, nachdem er alle Kritiker und Operndirektoren von Paris exkommuniziert hat, ein wenig den Kopf verloren. Man nennt das beruflichen Selbstmord. Er ist in die eigene Falle getappt, und nun befindet er sich ganz ungewollt am Boden. Daher …

«*Hier lebt Erik Satie*», in Arcueil, in einem beunruhigenden, ständig wiedergekäuten Schweigen, das von Stimmen bevölkert ist und aus dem er irgendwann wieder auftauchen muss. Aber das Einzige, was im Moment wieder auftaucht, ist die Vergangenheit. Die Reue. Die Misserfolge, die Enttäuschungen und der Tod. Mit fünfunddreißig Jahren ist Satie in der Krise.

Er weiß noch nicht, dass er Erik Satie ist.

Er ist nur ein gedemütigter, zurückgewiesener, belächelter Mensch ohne Geld. Also trinkt er. Sein Bruder hat Paris verlassen, sein Vater wird bald ins Gras beißen, einige seiner Freunde sind ebenfalls fertig mit dem Leben, Montmartre ist weit, Montparnasse ist weit, nur das Elend leistet ihm Gesellschaft, also trinkt er. Er ist wütend auf Gott und die Welt, also trinkt er. Er ist wütend auf den Himmel und die Morgenröte. Er ist wütend auf all die längst vergangenen Stunden, die sich nicht im Ennui oder im Alkohol ertränken lassen und von denen er noch nicht weiß, dass er etwas aus ihnen machen wird.

Heute ist sein Geburtstag. Ganz Paris entdeckt den Cakewalk, und er versucht sich selbst ins Gesicht zu blicken und hinauszugehen. Er versucht, Jack in seine Box zurückzusperren. *Jack* ist seine Kehrseite, sein Ungeheuer, das von ihm Besitz ergreift, ihn zerstört, ihn einkerkert. Jack ist der Verrückte, das Kind, der Tolle, der Paranoide, der Verstoßene, der Ausgesetzte, der Schotte, der Schaumschläger, der Schwärmer, der Choleriker, der schlechte Schüler, der Eindringling, der ihn mit Hundeblick ansieht.
«Put Jack in the box!»

Jane Leslie Anton Satie wirft ihr langes schottisches Haar zurück und wartet mit unzufriedener Miene. Sie sieht ihren Sohn unverwandt an …

«You hear me, young boy? … Put Jack in the box!»

Jack ist ein kleiner Clown mit hölzernem Kopf, lavendelfarbenen Augen, einem geringelten T-Shirt mit rostigen Glöckchen und beweglichem Kiefer.

«Right now!», ruft Jane und versucht ernst zu bleiben.

Am Boden sitzt ihr Ältester mit verschränkten Armen im Schneidersitz. Er hat Jack genauso neben sich gesetzt. Sie sehen beide gleichermaßen dreist und wild aus. Jane beißt sich auf die Lippen, um nicht loszulachen, das Kind steht auf, fährt mit der Fußspitze in eine winzige Keksschachtel, in der Jack normalerweise liegt, und klatscht Beifall.

«Look Mummy, I am in the box!»

Jane schüttelt den Kopf …

«Silly you …»

Dann setzt sie ihm ein Ultimatum:

«Alfred Erik Leslie Satie, wenn du nicht in den nächsten fünf Minuten dein Zimmer aufgeräumt hast, YOU STAY in the box! Alright? …»

Sie verschwindet in ein anderes Zimmer, während Conrad mit einer Windel angerannt kommt und in höchster Not versucht, die Worte (die ihm fehlen) und die Bewegungen (die er nicht kontrolliert), zu koordinieren. Triumphierend reckt er eine Schnecke in die Luft und klatscht sie seinem Bruder auf die Nase, dann beginnt er zu schluchzen, während ein rivalisierendes, höheres Schluchzen an seines anschließt, ein Schluchzen, das nur Erik hört.

«*I heard something*», sagt Erik zu Jane, als sie wiederkommt, «*I swear to God, Mummy.*»

Plötzlich schlüpft die kleine Olga weinend aus einem Kleiderschrank: dasselbe Schluchzen wie Conrad, nur heftiger. Jane nimmt sie nicht in die Arme. Sie sagt nichts. Sie hat keine Kraft mehr. Weil plötzlich eine katastrophale Stille herrscht. Jane ist um zehn Jahre gealtert, sie ist leichenblass, ohne Stimme.

«*Mummy, what's wrong?*», fragt Conrad.

Erik rührt sich nicht: Er steht da, *in the box*, in einer übermenschlichen Vorahnung erstarrt. Die kleine Olga hängt sich an die Hand der Mutter, die sie zu stark drückt, denn sie zittert, ihr Herz krampft sich zusammen. Nichts wird je wieder so sein wie vorher. Die Sonne scheint heiß durch das Kippfenster, der Sommeranfang hat Paris überrumpelt wie wucherndes Unkraut, Jane ist versteinert. Um sie herum beginnen die Wände ganz leise zu singen, grün und blau, ruhig und maßlos, der ganze Raum füllt sich mit Kummer. Gleich nebenan, auf der anderen Seite der Wand, steht das Bett von Baby Diane. Ihr kleiner puppenartiger Körper atmet nicht mehr. Wir auch nicht, denkt Erik, auch wir atmen nicht mehr. Wir haben unsere kleine Schwester verloren. Und Jane umhüllt ein undurchdringliches Weiß.

In *Mummys* Kehle sind die Worte langsam und klebrig wie Schnecken. Sie krauchen auf der Stelle, in einem seltsamen Rhythmus, als hätte die Ewigkeit sich in einer Handvoll Sekunden verirrt. Jane wird eine Ewigkeit brauchen, um zu sagen:

«Put. Jack. In. The. Box, will you?»

Erik gehorcht. Der kleine Clown mit dem lose herabhängenden Kiefer wird zu einer Kugel zusammengerollt und in die kleine Schachtel gesperrt. Jack wird nie wieder aus diesem vierten Juli 1870 herauskommen, an dem erstmals der Tod das Haus betrat und die Schreie verstummen ließ, den Staub des Zimmers in seinem Hauptthema ebenso forttragend wie die Sorglosigkeit und die ruhigen Nächte. Plötzlich gibt es so viel Zeit vor uns, denkt Erik bei sich. Einen so leeren Zeitraum. So dicht ... Man weiß nicht, wohin damit. Die Atmosphäre springt einem ins Auge. Und die Wände singen *quiet*, ohne viel Lärm zu machen. Sie singen eine winzige Melodie, sie ist rund wie ein gotischer Bogen. Niemand anderes hört sie.

I heard something ..., denkt Erik bei sich und wagt nicht, das Schweigen zu durchqueren. Mit fünf Jahren durchquert man es nicht allein, so wie man auch nicht allein die Straße überquert, schon gar nicht ohne zu gucken oder ohne die Hand zu geben. Niemand weint im Zimmer. Sie stehen da, alle vier, einer weniger, und an seiner Stelle diese Musik. Sie stehen da, *together*, es ist ihr Abschied, heiter.

An diesem Abend ist die Nacht blau und man kann einen Rückblick wagen. Die Kindheit hat ihr erstes Kapitel geschrieben. Das Leben hat einen Lebensanfang. Es ist nicht kalt, aber Diane ist fort und mit ihr all die Gegenwart, die man nicht gesehen hatte und die die gesamte Welt ausmachte ... alles, den Morgen, die Mahlzeiten, die Gezeiten, die Straßen, die Kamine, die Leuchttürme, die Blumen, die Tiere, die Zeichnungen, die Desserts, die kratzenden Stoffe und die drückenden Schuhe. Ja, jetzt gibt es eine Totalität, man weiß, es ist ein Stück Leben herabgefallen, *today*.

I heard something ..., denkt Erik bei sich ... Diane ist fort, sie misst fünfundsechzig Zentimeter und acht Monate, so etwas wie ein halbes Arpeggio. An das sie eine vage aber intensive Erinnerung bewahren werden, die Erinnerung an Janes Liebe, an ihr verschwundenes Lächeln. Und an all die Unterschiede zum früheren Leben, sie wissen warum.

Ein Stück Leben ist in das weite Vergessen eingetaucht, das die Tage bedeckt und genau dort, am Rand aufhört. Am Ende der Woche werden sich alle Blumen von Honfleur und von Paris um das in die Erde gegrabene Loch versammeln. Ein endgültiges Loch, gefüllt mit Abwesenheit. Heute ist es zwei Monate her, dass Diane gestorben ist. Aber heute ist etwas anders. «*I heard something …*», denkt Erik bei sich, «*I heard something … Heute wird Mama begraben.*» Es ist so furchtbar, dass man besser lachen sollte.

Was ist denn das Leben? Hm, sag schon, was ist es? fragt Erik den Himmel.

Das Leben ist *ein Nichts, ein Hauch, ein Nichts.* Etwas, das man plötzlich entdeckt und das andere zusammenfassen. Anlässlich von Erik Saties Tod am ersten Juli 1925 schreibt der *Figaro*:

Ein Musiker ist gestorben, der ein Vorreiter war, mit einem außergewöhnlichen, schwermütigen Schicksal.

Vom Publikum weitgehend unbeachtet geblieben und von seinesgleichen mit Gleichgültigkeit bedacht.

Er hat das Leben just in dem Moment verlassen, da der Undank der Menschen vermutlich seinen Höhepunkt erreicht und ihm bittere Enttäuschungen bereitet hätte.

Vielleicht hat er das Beste von sich hineingelegt, etwas, das er uns noch nicht gegeben hatte.

Vielleicht war er auch der verschlossenste aller Menschen. Der verrückteste? fragen sich viele. Oh, nein … glaubt nicht, der Wahnsinn läge im überschäumenden Temperament. Nein, glaubt nicht an die Lügen, die die Menschen über sich selbst verbreiten, an die Masken, an den Schein. Lest nicht in ihren Gesichtern, als wären es Etiketten. Der Wahnsinn liegt nicht in der Überspanntheit, sondern in der Normalität. Die Normalität ist der reine Wahnsinn, die Anerkennung des Gesellschaftsspiels durch jene, die es spielen. Die Anerkennung der Gruppen durch sich selbst. Die Einzelgänger, die von der Norm abweichen, die seltsam, bizarr sind, sind nur der ehrliche Durchschlag jenes Kohlepapiers, das den meisten Lebenden entspricht. Jene, die auf dem Kopf gehen, die wahren Verrückten, sind die, die nie frische Luft brauchen.

Es gibt die Farbe Satie. *Grau.* Und das Geheimnis Satie: sein letztes Zimmer in Arcueil, rue Cauchy. Ein apokalyptischer Ort, die Kehrseite eines Lebens. Ein abgeschlossener Ort, der uns viel über seinen Seelenzustand verrät. Und der legendär geworden ist. Jene seiner Freunde, die am Tag seines Todes die Tür zu diesem Zimmer aufgestoßen haben, haben sich nicht mehr davon erholt. Sie haben nach Luft geschnappt. Drinnen herrschte ein heilloses Durcheinander. Chaos. Die Kulissen eines freien und musikalischen Mannes, der geboren wurde, um zu schaffen, aber nicht um zu leben. Hier die furchterregende Bestandsaufnahme der Dinge aus dem verbotenen Zimmer, in dem Erik Satie hauste, so wie Darius Milhaud sie überliefert hat:

> Zwei Klaviere: das eine völlig kaputt und das andere mit ungeöffneten Briefen und Partituren übersät

Zwei Tischplatten, die dieses Namens nicht würdig waren, auf Böcken
Drei Stühle, die vor lauter Staub unkenntlich waren
Ein antiker Sessel
Ein Bett, das unter Papieren versank
In einer Ecke ein Koffer mit einer Unmenge unbenutzter falscher Krägen
Zahllose alte Strümpfe
Schuhe
Hüte
Persönliche Gegenstände
Zeitungen
Stapel neuer, noch nicht auseinandergefalteter Kleidung von Bon Marché
Stapel über Stapel von Notenpapier und Partituren
Vierzehn identische Regenschirme

So viel zum Alltäglichen, Konkreten, was einem in dem Elend, das anscheinend die Oberhand gewonnen hat, den Atem raubt. All das, was Satie sich nicht leisten konnte, ihm aber gehörte, hat er woanders eingeschlossen. Insgesamt 40.000 kleine Papiere, die in ein Zigarrenetui der Marke *Conchas* gestapelt waren, mit Celluloidplättchen dazwischen, wie bei einem Abreißkalender übereinandergelegt. Hier fand man, winzig klein geschrieben, konkrete, unwirkliche Dinge, die in meisterhafter Weise kalligrafiert waren. Einen ganzen Haufen Geschenke, die, buchstabiert oder gezeichnet, aus den Wörtern Dinge machen, greifbare Dinge, eine ganze unterirdische Welt für sich, aus der man Mut schöpfen kann. Eine verbotene und unsichtbare Welt …

Eine Insel ganz aus Gusseisen, schöner als der Mont-Saint-Michel
Eine reiche Aussteuer
Ein prachtvolles Mobiliar
Ein unerschöpfliches Scheckbuch
Ein alter Diener, der auf jeden Befehl hört
Die Kunst unsichtbar zu werden

Satie war verkannt. Ungreifbar. Unverstanden. Von einem geheimen Leben heimgesucht, in das er *vielleicht, ja, vielleicht* das Beste von sich gesteckt hat. Die Gesellschaft aber braucht Kohärenz. Erik Satie war ein umherirrender Gefährte. Ein Rätsel. Ein Mann, der zwei Klaviere besaß und bei ihnen lebte, das konnte man angesichts der Größe des Zimmers sagen. Und dann vor allem jenes Rätsel: Er war der Mann mit den vierzehn identischen schwarzen Regenschirmen.

Was hat sich in dem Zimmer ereignet, in diesem Leben, das zwischen ihm und seinem Jahrhundert zu einem solchen Missverständnis geführt hat? *Mal machen sie aus mir einen Verrückten, mal stellen sie mich als sanftes Wesen dar, dessen Oberflächlichkeit es nur mit der eigenen aufnehmen kann.*
Vielleicht irren sie sich.
Und das bereitete mir großen Kummer.

Diesen *großen Kummer*, diesen ungeheuren Kummer, muss man, wenn man sich ihm nähert, sehr ernst nehmen. Ihn in seinem Ausmaß betrachten. Ihn zähmen, indem man den Angaben seines Autors zur Klanggestaltung folgt, *indem man zweimal hinsieht. Es sich sagen. Flach. Weiß. Immerzu. Ebenso. Aus dem Handwinkel. Allein. Einen Moment sichtbar sein. Sich verbinden. Angetrunken. Vorübergehen. Erneut. Besser. Erneut. Sehr gut. Bestens. Perfekt. Nicht höher. Lautlos. Sehr weit.*

Nun können wir beginnen.

SARABANDEN …

Langsamer, leiser, langsamer,
leiser, langsamer

2

Im Frühling 1887 befindet sich Erik Satie in einem kläglichen Zustand. Er ist einundzwanzig Jahre alt und erträgt es nicht mehr, seine trockenen Finger über die toten Klaviere des Konservatoriums wandern zu lassen. Die Schulmusik will ihm an den Kragen, er verliert die Geduld.

Ins Konservatorium ist er mit siebzehn Jahren gekommen und hat seitdem seine Meinung nicht geändert. Die Räumlichkeiten sind *weitläufig und ungemütlich. Ziemlich unansehnlich – eine Art Strafvollzugsanstalt ohne jeden äußeren – und im Übrigen auch ohne inneren Reiz.* Trostlose Flure, Trostlosigkeit allenthalben. Ha! ... Der Geruch von Holz und Dampfkartoffeln, vermischt mit der gebohnerten Kakophonie dieser Räume, in denen die Schüler üben, brillant zu sein, die anderen zu übertrumpfen, kapitalistische Grünschnäbel in Wettstreit ... Ha! ... ihr verächtlicher Blick, wenn man nach ihnen dran ist, wenn sie die Dauer ihres energischen Vorspiels absichtlich verlängern und einem zubellen: «Und das hier, kannst du das? Und das hier? Ebenso schnell? Kannst du das?» Es gibt keine Kameradschaft. Und überhaupt keinen Humor. Nur Disziplin, bis zur Schlaflosigkeit. Genug, um aus Erik einen Luftzug zu machen.

Zweimal im Jahr musste man für diese Maskerade der rituell vergebenen Noten spielen. Unmusikalische Noten. Im Januar spielt Erik Satie ein Klavierkonzert von Hiller vor. Er wird als *begabt* eingeschätzt, aber sein Lehrer Ambroise Thomas färbt das Gesamturteil in Moll: Der Schüler Satie vermeidet jede Mühe, er ist träge, *phlegmatisch* ... So wird er auf Anhieb in die Schublade der Faulenzer gesteckt. *Erik is in the box ...*

Fünf Monate später, im Juni, bereitet er sich auf das Vorspiel des Klavierkonzerts von Henri Herz vor. Satie hat beschlossen, nichts zu ändern, er selbst zu bleiben. Identisch. Woran man hinter seinen lässigen Akkorden eine messerscharfe und klare Meinung erkennen kann. Denn so ist er auf die Welt gekommen. Seit jeher schleppt er seine innere Partitur mit sich herum, jenseits von allen modischen Musikrichtungen. Er wurde für das Exil geschaffen und pfeift auf die «Verknöcherten Alten» und die Akademie. Seine Zeitgenossen *sind auf einem alten «modern style» Boot an Bord gegangen und versinken bis zur Mastspitze im Wasser.* Sein Boot sind seine Fingerspitzen. Alles, was sie auf ihre Weise in einem Wort sagen können. Auf eine so unnachahmliche, erstaunliche

Weise, dass die Ohren der versammelten Zuhörerschaft gespitzt sind. Hier ihr Urteil: Der Schüler Satie «*hat Anmut, welche Schönheit des Klangs!*» Doch unglücklicherweise hat er das Thema verfehlt. Das Boot erreicht nicht das Ufer. Denn man erwartet nicht von ihm, dass er seine Einzigartigkeit vorführt. Man verlangt von ihm, absolut unpersönlich zu sein. Mit einem Wort: mit Dämpfern zu spielen! Alles an dem jungen Satie stachelt auf. Seine Null-Bock-Allüren sind skandalträchtig, ganz abgesehen von seiner Kunst, nicht zu arbeiten, obwohl man von ihm verlangt, an seiner Kunst zu arbeiten! Und dann … Und dann … Und dann lächelt er auch noch wie von Ferne.

Er lächelt wie von Ferne, man weiß nicht recht, was er denkt, schlimmer noch, man kann es sich nur allzu gut denken … Der Schüler Satie weckt Unbehagen. Einst war er ein leicht zu beeindruckendes Kind, mit siebzehn ist er ein beeindruckender Jugendlicher geworden. Seine Schüchternheit wird für Hochmut gehalten. In seinen Augen blinken seine klaren Meinungen so deutlich wie Leuchtreklame. Was er dreißig Jahre später denken wird, denkt er bereits jetzt, er ist unbeugsam und unerbittlich: Die meisten Leute sind überzeugt davon, dass *allein die Offizielle Einrichtung der Rue de Madrid ihm das nötige musikalische Wissen vermitteln kann … aber ich frage mich – mit verschränkten Händen –, warum wir Musiker dazu angehalten werden, staatlichen Unterricht zu bekommen, während die Maler und*

Literaten die Freiheit genießen, sich dort auszubilden, wo es ihnen beliebt. Ja, ich frage mich, warum es Künste gibt, die erlernt werden, und andere weniger. Warum sollte die Musik keine andere Statt haben als diese, wenn doch die Kunst überall sonst ist … Als müsste die Schaffensfreiheit notwendigerweise im Gefängnis erlernt werden.

Das zweite Jahr vergeht mit einem Wimpernschlag, so rasch wie ein trauriger Lachanfall. Herbst, Winter, Frühling. Er ist bereit, *glaubt man*, er arbeitet, *glaubt man*, doch weit gefehlt, weit gefehlt, er träumt vor sich hin. Die Zeugnisse sind ein schlechtes Vorzeichen, Eriks Versetzung ist gefährdet. Er muss den Lehrern Sauzay und Duvernoy gegenüber gute Miene zum bösen Spiel machen, denn sie finden sein Spiel nur *passabel*.

Kein Wunder, denn Erik ist jemand, der an den Dingen und den Menschen vorübergeht. Ein Nomade, ein Träumer, ein Phlegmatiker, der seinen *großen Kummer* verbirgt und weitergeht, ein passabler Passant, Erik, seiner selbst nicht gewiss.

Die Lehrer Diémer und Fissot mögen den schlaksigen Jungen nicht, der sie bloß mit seiner Anwesenheit zum Narren hält und es wagt, im Unterricht dazwischenzureden, mitten in ihren Ausführungen zum Kontrapunkt aufzustehen, mit erhobenem, kampfbereitem Arm, zutiefst entsetzt, mit hochrotem Gesicht und zornigem Blick. Den ganzen Oktober über hatte man kein Wort von ihm gehört. Er war der zurückhaltende Junge, vom Typ «in der Klasse ganz hinten an der Wand neben dem Fenster», *ein halbwegs genießbarer junger Mann*. Und nun steht er da und schreit, aus seiner legendären Wut heraus, die ihn noch häufiger überkommen sollte:

KOMPONISTEN DÜRFEN NICHT ZU SKLAVEN IRGENDWELCHER REGELN GEMACHT WERDEN!

Da springt er zwischen den Tischen nach vorn, starrt die Schüler durchdringend an, argumentiert, jubiliert, versucht an ihr Bewusstsein zu appellieren. Er wiederholt: *Die Harmonielehre ist keine Spielregel, sie ist nur ein aus dem Gebrauch gekommenes Formular. Damit es wieder etwas nutzt, müsste man es aktualisieren. Bedenkt doch, dass unsere alten «Schinken»* über die Harmonielehre allesamt aus der Mitte des neunzehnten Jahrhunderts stammen. Sie waren schon zum Zeitpunkt ihrer Veröffentlichung nicht sehr neu, lasst uns für unsere Freiheit, unsere Musik, unseren Stil einen zeitgemäßen Ausdruck finden!

Vor ihm sitzen fünfzehn stumme Schüler, überzeugte Wagnerianer und Beethovenverehrer. Wie gern würden sie sich Erik anschließen, aber ihnen fehlt der Mumm: Sie wollen schließlich in die nächste Klassenstufe versetzt werden. Die Freiheit ist für später, wenn sie die Klassen und die Musikzirkel durchwandert haben und zur Crème de la Crème der Klassischen Musik gehören werden. Ja, dann vielleicht werden sie versuchen, sie selbst zu sein … Wenn bis dahin noch etwas von ihnen übrig ist.

In der Zwischenzeit stellt Erik Satie den Betrieb ein. Es ist bekannt, man verzeiht es den Schüchternen nicht, wenn sie ihrer Schüchternheit entschlüpfen, *Stay in the box, Stay in the box!* Das verlangt das Protokoll: DAS REGLEMENT SCHREIBT VOR, DASS EIN SCHÜLER, DER NICHT VERSETZT WIRD, VERPFLICHTET IST, VON SICH AUS ZU KÜNDIGEN …

Alles wird sich um Beethoven drehen, *natürlich*, die Klaviersonate in *As*-Dur, op. 26, *natürlich.* Ein Trauermarsch, *in jeglicher Hinsicht*. Das Stück jagt allegro in einem lebendigen, ununterbrochenen Rhythmus hinab, ein nicht gerade fröhlicher Abstieg, bei dem man sich leicht das Bein brechen und «extra muros» landen kann …

An diesem Morgen ist es eher kalt für ein Juni-Ende. Der Frühling lässt auf sich warten, er bummelt, seit zweiundzwanzig Tagen erwartet man ihn, und stattdessen diese Nachricht: Nach einer Demonstration am neunten März, bei der mehrere Bäckereien geplündert wurden, kommt Louise Michel vor das Schwurgericht an der Seine. Und während man Erik Satie bittet, seinen Trauermarsch in Richtung Exil in Angriff zu nehmen, fragt man Louise Michel ein paar Straßen weiter, ob sie vorhat, an weiteren

Demonstrationen teilzunehmen und die Behörden mit ihren Freiheitsbestrebungen noch lange zu foppen, mit einem Wort: Ob ihr klar ist, dass sie eine Frau ist???!!! Man fragt sie, auf welcher Schule sie dieses unwürdige, aufwieglerische, hochexplosive Verhalten gelernt hat. Was die Strafe anbelangt: Sie wird zu sechs Jahren Gefängnis verurteilt, damit sie ein für allemal begreift: nein, Mademoiselle, so kann man um halb zwölf vormittags einem Vorsitzenden des Schwurgerichts an der Seine nicht antworten: «*Ich bin immer auf der Seite der Hungerleider, das Volk stirbt vor Hunger, und es hat nicht einmal das Recht zu sagen, dass es hungers stirbt. Nun! Ich habe die schwarze Fahne gehisst und bin aufgebrochen, um allen zu sagen, dass das Volk ohne Arbeit und ohne Brot ist. Das ist mein Verbrechen …*» Woraufhin um zwölf Uhr zwanzig Erik Satie von seinem Lehrer Descombes hingerichtet wird: Der hält seine Interpretation für unverzeihlich. Er vermerkt: *nicht überzeugender Schüler, sein Hang zur Provokation unvereinbar*, nun ja, gewiss, der Kleine hat *einen schönen Klang und ein beachtliches Talent*, aber wer nur ein passabler Passant, wer nur ein Luftzug oder gar vollständig abwesend ist, hat hier nichts verloren. Ein beachtliches Talent genügt hier nicht. Erik wird von der Schule verwiesen. Wegen häufigen Fehlens, *of course* … Er ist in dieser Musikerschmiede zur persona non grata geworden.

Um Viertel vor eins ist der Frühling noch immer nicht aufgekreuzt. Man spürt außerdem diese Kühle, die den Regen oder das Ende eines Zeitalters ankündigt. Während Erik wegen «Angriffs auf die Entfremdung» aus der Haft entlassen wird, wirft man Louise Michel mit dreiundfünfzig Jahren wegen «Verteidigung der freien Meinungsäußerung» ins Gefängnis von La Roquette. Um zu ihr zu gelangen, muss man bis zur Hälfte dem Boulevard du Prince-Eugène folgen, dann nach links gehen, wo man auf eine Straße stößt, die in merkwürdigem Kontrast zu der eben noch entlanggegangenen Voie Royale steht. Das Volk von Paris kennt sie nur zu gut. Es ist die finsterste Straße der Hauptstadt. Sie ist schlecht gepflastert und steigt zwischen Trauerdenkmälern und Weinhändlern steil an (hier kann man betrunken oder tot umfallen, kein Problem). Die torkelnden Säufer führen die Leichenwagen an. Sie genießen den Blick auf den Friedhof Père-Lachaise. Dort erreicht man einen staubigen Ort, den sich ein paar krüppelige Bäume streitig machen, die selbst von den Journalisten des *Figaro* als beschämend bezeichnet werden. Darunter spielen ein paar in Lumpen gekleidete Kinder mit einem gefundenen Ball und lassen ihn von den beiden Granitsäulen zurückprallen, die die Place de la Hoquette einrahmen, Gefängnis für junge Delinquenten. Wir stehen hier vor den Toren des Landstreicherlebens und der mangelnden Disziplin, meine Damen und Herren! Dies ist der letzte Aufenthaltsort für jene, die von der Gesellschaft ausgestoßen wurden. Es gibt natürlich auch Kranke, Konvaleszente, Freigestellte, die dort spazieren gehen, schlafen und rauchen … Der ganze menschliche Abschaum ist hier versammelt, der gern aufschreien würde, gern laut sagen würde, was er denkt, tja, egal welchen Alters, egal wo, der sich gern trauen würde, die Angst, die Armut hinter sich zu lassen, dieses tiefe Schwarz, das vom Staub und vom Schlafmangel herrührt.

Die Wahrheit, die Mauern und die Konserven des Konservatoriums, das alles gehört mir! Erik Satie, hier bin ich, stolz und noch unreif, siebzehn Jahre, Verteidiger des Arpeggio und in entschiedener Ermangelung einer Methode. Erik bereitet seinen Coup vor, als *Gentleman*: Er beschließt, seine grundlegenden Gedanken in schwarzen Lettern auf dem cremeweißen Giebel der Heuchelei festzuhalten. Er will in großen Lettern auf die Mauern des Konservatoriums schreiben. Dafür hat er eine gut haltbare Farbe ausgesucht, eine grandiose Kalligrafie mit modernen Großbuchstaben, ohne Anführungszeichen, das ganze in Rekordzeit, natürlich nachts, im Schutz der Dunkelheit, an einem regnerischen Abend, an dem man keine Note vor das Haus jagt, aber einen Faulpelz schon!

HIER WIRD DIE MUSIK HINGERICHTET!
ES GIBT IN DER KUNST KEINE WAHRHEIT:
KOMPONISTEN DÜRFEN NICHT ZU SKLAVEN
IRGENDWELCHER REGELN WERDEN.

Dann unterzeichnet er, und dabei verwandelt er das kleine «c» seines kurzen Vornamens in ein schottisch-unbeugsames Wikinger-«k». So. Dann geht er nach Hause und wartet schlaflos auf den nächsten Morgen, ungeduldig wie am Vorabend des Weihnachtstags.

Morgens erwacht der Boulevard Magenta ziemlich verdattert. Erik Satie auch. Seine erste Stunde beginnt um acht Uhr. Er begibt sich wie immer zu Fuß zur Rue du Faubourg-Poissonnière, *allegro*. Dann, als er die Gendarmen vor der Mauer bemerkt, verlangsamt er den Schritt. Es gibt eine Art kräftige Böe. Erik entdeckt, dass der Satz im nächtlichen Regen verlaufen ist. Es bleibt nur die Unterschrift unter sein Verbrechen – *Erik Satie* – noch gut sichtbar, denn die Buchstaben, die ebenfalls im Verschwinden begriffen sind, lassen sich noch entziffern ... Als hätte er prätentiös seinen Namen auf die Wände des Konservatoriums schreiben und damit die ganze Musik an seine eigene Person binden wollen, den egozentrischen Erik, der nichts weiter ist als ein kleiner Spinner ...

Der eisige Blick seiner Lehrlingskollegen stürzt ihn in eine maßlose Wut, schwarze Wut auf weißem Grund. Er wettert gegen das Wetter, das ihn seines Erachtens seiner Freiheit beraubt hat – so aberwitzig ist die Freiheit. Er weiß auch, dass er sich nachher eine schön gesalzene Schelle einfangen wird, eine, die sich gewaschen hat, während sein Name vom Giebel der Académie gewaschen wird. Er schwänzt die Pflichtkurse. Er hat sich in eine kleine Bar zurückgezogen und denkt sich mehrere glaubwürdige Versionen aus, um zu erklären, warum ihn nur relative Schuld trifft.

Aber das Wichtigste ist, dass er zufrieden ist: Er ist zweifach gefeuert, zweifacher Faulpelz!

Die *Schelle* war kräftig und brutal: ein heftiges *forte forte* auf beide Wangen, ein breites Crescendo auf die Schultern, und, als Ersatz für die Coda, einen Tritt in den Hintern. Gut, er hatte es verdient. Das war das Mindestmaß für einen Rückfälligen. Erik hatte bereits mit zwölf Jahren die allgemeinbildende Schule verlassen: nicht dafür geschaffen. Mich deucht, das Gegenteil wäre der Fall.

Wie auch immer, sein Vater schämte sich. Zum Glück hoben der Jüngste, Conrad, und dessen medizinischer Ehrgeiz den Vaterstolz in ausreichend luftige Höhen. Aber dass sein *kleiner Erik*, sein Großer, außerstande war, in die Schule zu gehen und dort zu bleiben, außerstande war, einer Unterrichtsstunde zu folgen, außerstande war, an der Welt teilzunehmen wie die anderen ... Erik wusste nicht, was er mit seinem Leben anfangen sollte. Sein Vater auch nicht. Aber an diesem Novemberdonnerstag – *hier wird die Musik hingerichtet* – hatte Erik endlich die Antwort gefunden, mit diesem zukunftsweisenden *Ready Made*, das alle Welt für Anarchie hielt, für ein flegelhaftes Graffiti, für Schaumschlägerei!!!!...

Was würde er nun machen?

Wie sollte er diese unerträgliche Last aushalten, hier zu sein, wie die anderen, einfach nur hier zu sein und sich damit zu begnügen? ...

Erik fragt sich, was er auf der Erde verloren hat, auf *dieser erdigen Erde: Hat man mich zu meiner Zerstreuung, zu meinem Vergnügen hierher geschickt?...* Im Augenblick keine Antwort, aber eine Dringlichkeit: Man muss sich eine Beschäftigung suchen, man wird auf dieser Welt nicht umsonst geboren, *alle Welt ist in der Lage, etwas zu tun.*

Also
Wählt
Satie
Ennui.

Draußen ein fahler bleierner trostloser Himmel: entsetzlich.
Ich war traurig, ohne den Grund dafür zu kennen.
Fast ängstlich, ohne den Grund dafür zu kennen.
Da überkam mich der Gedanke, mich zu zerstreuen, indem ich auf meinen Fingern
langsam bis zweihundertsechzigtausend zählen würde.

Einige Kilometer von hier entfernt betrachtet auch Étienne-Jules Marey den Himmel und verspürt ebenfalls Ennui. Er ist zweiundfünfzig Jahre alt. In seinem Ennui erfindet er die «chronofotografische Flinte». Damit beobachtet er die Vögel und schießt auf sie. Er zeichnet ihre Bewegungen auf, mit anderen Worten, ihre Zeit. Er visiert sie mit einem Gewehr an und hält sie mit Salven von zwölf Bildern pro Sekunde auf fotosensiblen Platten fest. So versucht er die langsamen Bewegungen der Dinge einzufangen, ihre Fixheit, ihre Schwebe. Anstelle einer Konversatoriums-Philosophie geht es ihm darum, die Gegenwart der anderen festzuhalten, zu konservieren, um ihr anschließend erneut Bewegung einzuflößen, zuzusehen, wie das Leben wieder zum Leben erwacht und die Vögel zwischen seinen Händen fortfliegen, mit angehaltenen und zeitversetzten Flügen, Vögel wie Klänge, die man am Himmel ausschneiden könnte, um sie lange zu betrachten, so lange wie man will, um zuzusehen, wie sie reglos schweben und bei einer Kurbeldrehung wieder losfliegen. So erfindet wenige Kilometer von dem unzufriedenen Erik Satie entfernt ein anderer Unzufriedener das Kino. Indem er auf die Zeit schießt. Mit zwölf Bildern pro Sekunde. In der Musik entspricht dies einem Viervierteltakt. Vier Schläge genügen, ja, das ist genug, das Tempo des Ennui. Das Tempo des Herzens, das auf den Fingern der Hand die eigenen Schläge zählt, eine Stunde lang, zwei Stunden lang, drei Stunden lang, bald werden es achtzehn Monate sein. Zwei Jahre sind mit Nichtstun vergangen, *glaubt man*, obwohl Erik damit beschäftigt ist, der Zeit zuzusehen, wie sie vergeht. Für nichts leben. Das Nichts hören. Sich damit abfinden. Es sich zum Freund erwählen, eine Philosophie, eine sterbliche Hülle daraus machen.

Nein, mit neunzehn Jahren kann der kleine Kurzsichtige seinen deprimierten Körper nicht länger von morgens bis morgens und von abends bis abends herumschleppen, *glaubt man*. Es wird höchste Zeit, diese Abende gegen eine Rückkehr ins Konservatorium zu tauschen. Eines Tages im November 1883, um genau zu sein, am sechsten, *möglich, ja, möglich*, sitzt er erneut auf dem flachen, schlecht eingestellten Hocker der Rue du Faubourg-Poissonnière. Vor einer Ballade von Chopin und fünf alten Griesgramen, die in ihrer Gewissheit erstarrt sind: Man gewährt ihm großzügig eine zweite Chance, der Faulpelz ist zurückgekehrt ...

Chopin, *in Ordnung, ja, Chopin, Let's do it.*

Zum ersten Mal rührt er wieder ein Klavier an. Zwei Jahre hatten seinem einen Meter siebenundsechzig, seiner verdeckten Stirn, dem Oval seines Gesichts mit dem breiten Kinn nichts anhaben können, selbst seine braunen Haare waren nicht nachgedunkelt. Es war immer noch er selbst, mit dem langweiligen Blick, *glaubt man*, dem gelangweilten Blick, ganz sicher. Ein Schlaks mit hängenden Armen, hochgezogenen Schultern und im Mundwinkel noch immer das Satie-Lächeln ...

Ganz ruhig beginnt er. Aufmerksam. Er betrachtet die Landschaft, das Licht hinterm Baum, der gegen das kleine Fenster des Saals klopft, während er spielt. Es ist ein so großer und netter Baum, *es ist verrückt wie wenig hier irgendetwas reglos ist*, sagt sich Erik. Draußen ist nichts reglos, und der Himmel wartet brav, dass man in diesem Saal mit dem

Chopin-Vorspiel fertig wird: Man könnte meinen, es gefiele ihm, es steht dem Himmel, träge, träge, *ganz langsam, hier*, kein Grund zur Eile, man muss dem Klang lauschen, und meine Herren, um dem Klang zu lauschen, braucht man Zeit. Selbst einem sehr kurzen Klang.

Es ist nicht mehr Erik, der durch Chopin lustwandelt, sondern die Musik schlendert verträumt an seiner Seite umher, *quiet quiet* … Wie ist das Wetter in Honfleur? Wollen mal sehen, ah, Rue Haute, 122, winziges *HOME*. Am Ende der Straße das Meer. Hier ist alles eng, die Straßen sind Gassen, die Treppen haben keinen Charme, nein, das nicht, und etwas weiter hinten bei der Colline de Grâce, ist die Rue de l'Homme-de-Bois. Eine traurige und eintönige Straße, in der man sich aber wohlfühlt. Die Straße des kleinen Jack. In Honfleur ist das Wintergrau hartnäckig. Wenn es zuweilen einen Lichtstrahl gibt, stößt man auf Blau, einen kleinen blauen Fleck auf den Knien der Kinder, wenn sie sich gestoßen haben. Natürlich gibt es auch hier den Ennui und das Warten. Es gibt Horizonte, die nicht lügen, und sagenhafte Geräusche, in denen man die Felsen knirschen hört. Wenn man sich genügend langweilt, kann man sein eigenes Herz schlagen hören, sein Herz, schlagen, ohne Unterlass, ganz klar, es ist ja eine Ballade von Chopin ist, ganz klar. Eine Ballade, in deren Verlauf es einen Baum gibt, der an die Scheibe eines schmutzigen Fensters schlägt. Fünf Männlein mit Krawattenknoten rutschen auf ihren Sitzen hin und her … Was sollen wir bloß mit dir machen, Bübchen? Kleines Holzbübchen?… So. Geschafft.

«Kann ich gehen?»

Warte …

Drei Hände recken sich in die Höhe, während beim Lehrer Georges Mathias die Stimmung sinkt … denn er erbt den «Fall Satie». *Welcome back, Bach, back.* Trostlosigkeit. Rückkehr zum Selben. Ewige Rückkehr zum Selben. Mit einem Unterschied: Die Haute Académie hat sich fest vorgenommen, dass er ihnen diesmal nicht ungeschoren davonkommt.

*

Von nun an kann Satie machen, was er will, Georges Mathias verweigert ihm jegliche Milde. Er ist starrsinnig, er will keinen Krach, er erträgt es nicht, wenn Erik so tut, als hörte er ihm zu, er will bewundert werden, er will Huldigung, Verehrung, er will sich als Meister fühlen, er will, dass Erik reagiert und sich entschuldigt und etwas lernt, er will dass dieser Schüler den Schüler spielt, er will, dass die Unterrichtsstunden zusammenschrumpfen, er will diesen *nichtsnutzigen, anstrengenden* Burschen nicht mehr sehen, diesen Burschen, der partout nichts von Mendelssohn versteht, der unterirdisch spielt und der Ehre nicht würdig ist, seiner Lehre beizuwohnen, diesen *uninteressanten Burschen, der nicht einmal imstande ist, vernünftig Noten zu entziffern*, diesen

Sohn eines Schiffsmaklers, der obendrein Fan der Music-Halls ist!!!!

Eine erneute Niederlage steht bevor. Erik spürt es. Aber er ist inzwischen stark genug, oder feige genug, sie kein zweites Mal zu durchleben. Eines steht jedenfalls fest. Er wird nichts und niemandem die Stirn bieten.

Wieso beanspruchen Unbekannte für sich das Recht, ihn zu beurteilen? Erik ist wütend, er fragt sich, warum er gehorcht hat, warum er hierher zurückgekehrt ist, obwohl er doch die ganze Welt *solo* durchreisen kann. Er mag zwar noch nicht volljährig sein, aber die Entscheidung kann er trotzdem treffen. Also flieht er. Durch die verzeihlichste und unangemessenste Tür: die Armee! Ja, plötzlich liebt er die Disziplin, er liebt Frankreich. Er ist aufgewacht, *glaubt man* ... Er wünscht sich *eiserne Disziplin (oder aus welchem Metall auch immer).* Also meldet er sich freiwillig für das 33. Infanterie-Regiment der traurigen traurigen Stadt Arras. Gebäude C, hier bin ich, mit meinem losen Mundwerk, meinen Gedanken, die alle in die Flucht schlagen, und meinen (schon) zwanzig Jahren Einsamkeit!

3

Meine Güte, was für eine Hitze herrscht in der Dummheit der Menschen … Die Schweißgerüche, die Fußgerüche, die steuerpflichtigen Zeitpläne, die disziplinierten traumlosen Tage, die autoritären Vormittage, *was hast du denn gedacht*? Hier wird nicht geträumt, nein, hier bittet man um Erlaubnis. Ihre Wünsche müssen genehmigt werden, und dann Geduld, *Unterzeichnen Sie hier* mit *Mein Oberst und die Hierarchie*. Erik hält ein Jahr durch. Genau genommen dreihundertsechzig Tage. Entspricht: achttausendsechshundertvierzig Stunden im Kreise dieser verlorenen Idioten, aber wenigstens haben sie einen Platz in der Welt – glauben sie zumindest.

Nicht meinen,
Go away, run,
Finde eine Tür
Right Now
You hear me Jack? … You hear something, don't you? …

«Soso, Sie leiden also unter Schlaflosigkeit, Herr Satie? …», fragt der Oberst.

Erik starrt ihn an, er schlottert: Schlaflosigkeit, ich? … *Möglich, ja, möglich* … Seit sieben eisigen Winternächten zwingt sich Erik, draußen zu bleiben, im Mondschein, ohne Nachthemd, um die Kälte in seine nackte Brust eindringen zu lassen, sich mit ihr vollzusaugen, er will eine Lungenentzündung bekommen und zur Tür hinausgehen, zur Großen Tür, mit rostig-verbrannt-kandierten Bronchien! Verkohlten Bronchien! An diesem Morgen bröckelt Eriks Haut vor dem Oberst, sie ist rot und voll Scham. Auch seine Stimme ist eingefroren zwischen seinen klappernden Zähnen. Er hat Schüttelfrost, Fieber. Man sieht seine Augen nicht mehr. Eine beißende Flüssigkeit brennt in ihnen. Ein stechender Strom, *wenn Sie mich berühren, bekommen Sie einen Schlag*, seine Worte sind eingefrorenes Gestammel. Seine Finger unlesbar. Seine Brust: ein Friedhof. Erik Satie antwortet langsam, eingefroren … er braucht eine Ewigkeit um zu sagen: Ja. Mein. Oberst. Ich. Leide. Unter. Schlaflosigkeit.

Dann wird er ohnmächtig. Krankenstation. Ruhe. Drei Monate. Man denkt, er wäre hinüber, nicht sicher, ob er überlebt, und hier mag man keine Leute, die gestört, labil und träge sind. *Raus!!!*

Erik Satie ist frei. Nicht mehr ganz lebendig, aber frei. Man braucht nicht immer einen Krieg, manchmal bekriegt man sich ganz allein.

4

Das Einzige, was von nun an für Erik zählt, ist der erstarrte Moment. Die Reglosigkeit der Form. Die Klarheit eines Raums in der Schwerelosigkeit. Eine Musik, die fließt, in Ordnung, aber bewegend ist und wie von Ferne her kommt. In einem so langsamen Rhythmus, dass man fürchten muss, er könne ins Stocken geraten, *ein Nichts, ein Hauch, ein Nichts.* Mit den Fingerspitzen seiner Gedanken tastet er sich vor, sucht reglose Noten. Während rings um ihn her etwas Neues beginnt: ein Rhythmuswechsel, ein ständiger Wechsel.

«Charles Baudelaire muss als Vorreiter betrachtet werden … Stéphane Mallarmé mit seinem Sinn für das Rätselhafte und Unaussprechliche; und Paul Verlaine löst sich ihm zu Ehren aus einigen grausamen Fesseln.» Veränderung liegt in der Luft, in allen Hemisphären. Es geht sogar das Gerücht um, dass der Apotheker John Pemberton und sein ungeschickter Assistent in Atlanta ein unglaubliches, revolutionäres Getränk erfunden haben. Zu seinem zwanzigsten

Geburtstag kehrt Erik vom Militär zurück, er wohnt der Geburtsstunde vom Manifest des Symbolismus und von Coca-Cola bei.

Erik kehrt zurück nach Paris, zu seiner alten Impertinenz und dem trügerischen Äußeren eines friedfertigen Bürgers mit Kneifer, Glatze und Augen, denen man noch die Eiseskälte des Winters 1886 ansieht, er kehrt im Bewusstsein zurück, dass ihn *die alltäglichen Dinge des Lebens übersteigen.*

Ich mag, mit Verlaub, den Abend lieber als den Morgen. Denn der Abend ist bekanntlich weniger morgendlich ...

Alles wieder auf Start. Umzug mit der Familie in die Rue Condorcet 50: charmante Wohnung im Haussmann-Stil (untröstlich wegen des Staubs von den Bauarbeiten, aber Paris wird saniert, erweitert, umstrukturiert), Bad, Balkon zur Straßenseite, Küchenecke ... Routine, Ennui und nun auch noch die Stiefmutter – Bénetche: «Du und dein Bruder, ihr teilt euch das blaue Zimmer, dies hier gehört mir und deinem Vater, und das kleine am Ende des Gangs ist Olgas Zimmer, und das große ist für meine Mutter.»

So sieht sein neues Leben aus, keine weitere Zuflucht. Der Vater schweigt, *es wird geträumt*. Ist es nur vorübergehend? Eigentlich nicht, es ist ein Experiment. Oh nein! denkt Erik bei sich, *das Experiment ist der erste Schritt zur Lähmung.*

Ich bin nicht heiter, bin nicht komisch.
Oft bereue ich, auf die Welt gekommen zu sein …
Ich bin mutterseelenallein, wie eine Waise, oder ein Einsiedlerkrebs …
Ohne Freunde, die mir Gesellschaft leisten.

Das Kirchenschiff von Notre-Dame pflichtet ihm bei, antwortet aber nicht. Es scheint so, als würde in den Kirchen um 13 Uhr selbst der liebe Gott Mittagspause halten. Und wenn draußen der Kirchenvorplatz von Menschen überquillt, so herrschen drinnen Leere und Stille. Kaum hört man den eigenen Atem. Die Decken sind so hoch. Hier ist man nicht mehr wirklich in der Stadt, und auch nicht im Leben. Hier kann man ein wenig man selbst sein.

Stunden um Stunden. Stunden um Stunden, die aneinandergereiht einen Monat ergeben, ja, einen Monat voller Stunden, ausschließlich damit verbracht, eine einzige Sache zu betrachten. Eine Einzige. Heikle. Einzigartige. Architektonische. Von herrischer Kälte: einen Spitzbogen. Seinen langsamen Verlauf, *ganz sacht, ganz sacht, ganz sacht, ganz sacht, ganz sacht.*

Erik bleibt sitzen, er rührt sich nicht, atmet kaum, er horcht mit den Augen, den Blick in den gotischen Bogen geschraubt, hingebogen zu einem Bogen …
schweigsam an ihm entlangfahren,
sich die Landschaft vorstellen, die hinter ihm verschwindet,
die Choreographie der Linien,

die Gebärden der Gewölberippen,
mit der Seele von La Saillante verschmelzen,
sie ist es, La Saillante wird das Thema vorgeben,
ein kreisendes Thema, das als Bogen wiederkehrt,
als Spitzbogen, Ogive,
alles in Erinnerung behalten,
die Form der Gewölbe und Bogengänge, deren
Umrisse
die Arme gen Himmel recken mit jenen beiden
gleichen Kreisbögen, die sich im Winkel schneiden,
so wird fortan die Musik
im Winkel geschnitten werden müssen
an der Spitze,
und dann an der Mittellinie innehalten,
der Führungslinie,
der Idee, die die Melodie ergibt,
lang und schwindelerregend wie
zwei Ogiven, die sich begegnen, aber nicht berühren,
sich begegnen, ja,
aber
nicht berühren,
zwei wiegenartige Ogiven wie die
zwei Augen von Mummy über Dianas Wiege
sich begegnen, aber nicht berühren
ganz sacht, ganz sacht, ganz sacht, ganz sacht,
unsere Hände auf dem Klavier
begegnen, aber berühren sich nicht …
Was nutzt es, einen Vater zu haben, wenn der nichts
sagt?

In dieser Wohnung gleicht das Zimmer der Brüder einem Labor. Still und unsichtbar. Normalerweise spielen Kinder und räumen nicht auf. Anders bei den Saties: Hier ist alles am Platz. *Weitergehen weitergehen, es gibt hier nichts zu sehen … PRIVATE, PRIVATE PRIVACY!* Alles sauber und geheim. Was zeichnen sie nachts auf kleine Zettel? Was für rätselhafte Dinge, wie von einer Sekte, eine Art Heiligtum, das dem Gebet vorbehalten ist, den Geschichten und Goldmedaillen? Gewiss gab es eine Menge Könige und Grafen, die sich unter den Kopfkissen tummelten, viele Schlösser und Türme unterm Bett und der Kommode, in den Vorhängen versteckte Pferde und in den Strümpfen hübsch aufgereihte Schwerter. Und dann auch, *möglich, ja, möglich*, Herausforderungen, die es anzunehmen, und Frauen, die es aus dem Schrank zu befreien galt … in einem Schubfach, ganz im Süden des Zimmers, vielleicht sogar ein paar Kalligrafien von imaginären Gegenständen oder Gütern: von Besitztümern, die es zu verkaufen oder entgegenzunehmen gilt, Geschenken, Pralinen und ernsthaften Beileidsbezeugungen, Kronen und Capes, einer Kathedrale, einem Irrsinnsgut mit Bediensteten, einem Zauberer und einer Schatzbüchse, ja, einer Schatzbüchse, die spricht und sogar leuchtet …

«Du kannst dir egal welchen Traum aussuchen, egal was wünschen, der Zauberer erfüllt dir jeden Wünsch, Conrad, sag etwas, *make a wish …*»

Conrad beugt sich über die kleine Keksbüchse, skeptisch schnuppert er daran, überlegt, Erik tritt ungeduldig von einem Bein aufs andere ... Wünsche hat er Tausende, in allen Tonarten, mehr als genug, unglaublich, dass seinem Bruder nichts einfällt, worum er bitten könnte. Ich weiß nicht, er könnte eine eingefrorene Sonne fordern, einen Kaugummi, *eine ganz kleine Bitte äußern*, einen Wolkenkratzer, einen Kuli besitzen wollen, all diese neuen Dinge, von denen man in der Zeitung hört ... Nein, Conrad gibt auf, ihm fällt nichts ein. Erik schnappt sich die Büchse und flüstert hinein, mit Kurs auf den Zauberer:

«Ich wäre gern ... Erik Satie.»

Er wartet. Das Licht wird ein wenig schwächer, *möglich, ja*, dass es ein wenig schwächer wird, nichts Schlimmes, nichts eigentlich Sichtbares, und am Ende nichts. Nichts passiert. Nein, Erik ist noch immer derselbe, er fühlt sich unwohl in dieser Wohnung, unwohl in seinem Leben, in seinem Körper. Also schnappt sich Conrad die Büchse und flüstert ganz leise, mit Kurs auf den Zauberer ...

«Ich will Mama, I want Mummy back and to go outside, to go home, I want to go home.»

Go home. Nach Hause zurückkehren. Auch wenn es zu Hause ganz klein ist, selbst wenn es nur ein Wandschrank ist, «nach Hause zurückkehren» hat Erik sein ganzes Leben lang gewollt, eine ewige

Bewegung, gehen, um zu überleben und zu ertragen, gehen, um sich nicht aufzuhängen, von Paris nach Arcueil gehen, zurück und hin, hin und zurück, etwa zehn Kilometer, das dauert eine ganze Nacht, den ganzen Schlaf. Indem er draußen bleibt, verbirgt er seine Schlaflosigkeit. Tagsüber ruht er sich aus, als hätte er ein Leben. Nachts geht er, als würde er irgendwo erwartet. Er findet ohnehin keinen Schlaf: Entweder verbirgt der sich oder er zerstört einen.

An diesem Abend schaukelt Erik in seinem Rocking-Chair. Zum Zeichen des Widerstands hat er beschlossen, nie wieder zu schlafen. Nicht solange sie in diesem neuen erbärmlichen Leben verharren. Sein Vater scheint Jane mit einem Wimpernschlag aus dem Leben gestrichen zu haben, *fast*. Sein Vater sagt nichts, die Bénetche mischt sich ein. Sie hat die Nase voll. Mit theatralischer Geste schnappt sie sich Eriks Matratze und wirft sie durchs Fenster auf den Bürgersteig.

This is perfect!, denkt Erik bei sich. Genau das, worauf er gewartet hat. Er springt aus dem Zimmer, schlägt die Tür zu, rennt an den Briefkästen vorbei, steht draußen und *jump in the bed!!!!* Auf dem Bürgersteig macht er erstmals sein Bett. Er, der es nie gemacht hatte, gehorcht nun, da niemand ihn mehr davon abhält, und sorgfältig obendrein. Er gibt sich Mühe. Eine Ecke nach der anderen, die Bettdecke schön ordentlich glattgestrichen und das Kopfkissen aufgeschüttelt. Ganz gleich, ob *an diesem Abend eine Kälte herrscht, bei der man keinen Hund vor die Tür jagt* ... Draußen fühlt er sich zu Haus. Auf der Straße, in der Nacht fühlt er sich zu Haus. Es ist still. Um sich die Zeit zu vertreiben, kann er auf einem Meer aus Bürgersteigen und Baustellen und Müll und Leuten umherirren, und bald (sie sollten sie bald einrichten) auch aus Laternen.

5

Von nun an hat er ein *Zuhause*, von dem aus man die Sterne sehen kann. Er ist *Der Sohn der Sterne,* er hat einen Ort gefunden, an dem er sich nicht klein fühlt. Hier, im Leben, mitten im Leben, inmitten der Leute, der späten Nächte, der Gesprächsfetzen und der sich anbahnenden Liebesgeschichten. Dort eine beendete Beziehung, hier ein Flötenbauer, unweit ein Seitensprung, links die Seine und ihr Büchersaum, auf der anderen Seite der Bahnhof, alles ist an seinem Platz, lebendig, die Musik der Stadt wird zu seiner Landschaft, zu seiner Wohnung, zur Gesamtheit der Möbel. Privatvorführung heute Abend! Laterna Magica.

Meine Damen und Herren. Silentium! … Hier ist der Sohn der Sterne … die Kutsche kommt vorgefahren! Auf dem Pflaster, ja, lauter, danke, *sehr schön,* weiter geht's: *In Weiß und völlig reglos. Immerzu. Wertvoll. Blass und feierlich. Wie eine sanfte Bitte. Immerzu. Wertvoll. Blass und feierlich.* Decrescendo des Pferdes, das sich entfernt, hier, danke, sehr schön …

Die hohen Töne dort drüben, was macht ihr da? Ha, ihr da, die Horizontalen, los, hinlegen! In Achteln! *Im Kopf. Weniger laut. Aufsteigend. Mit beherztem Leichtsinn und bereitwilligem Einzelgängertum. Ebenso. Wertvoll. Bis zur Schwächung fallen. Mit beherztem Leichtsinn und bereitwilligem Einzelgängertum. Ebenso. Immerzu. Wertvoll. Immerzu.* Und der Donner dort oben, worauf wartet der? ... Na? Jetzt ist der Donner da, *lebendig* der Regen, danke, punktierte Achtel der Regen, sacht, sacht, langsamer, passt auf, worauf ihr fallt, ich höre in der Ferne Blech, hier ist es zu früh ... *Wo ist mein Regenschirm hin, ich muss meinen Regenschirm vergessen haben* ... Oh nein, Madame, Sie können nicht zur Partitur gehören, nein, Sie sind eine Farbe ... Rot hat hier keinen Zutritt, nur Weiß. Tut mir leid. Kommen Sie später wieder. Oder stellen Sie sich hinten an, ich behalte Sie für die Kalligrafien, ich habe heute meinen netten Tag ... *Was für ein Hauen, Bauen, Bauen!* Und der Mond, der Mond, der Mond, was sagt der dazu? *Wo ist mein Regenschirm hin* ... Seit wann hat der Mond etwas zu melden? Hier bin ich bei mir zu Haus! *Sehr schön. Immerzu. Sich selbst von Weitem betrachtend. Seine eigene Anwesenheit ignorieren. Hoch, Aufsteigend. Sehr schön. Im Kopf. Ebenso. Ohne sich zu ärgern. Für sich selbst enden. Immerzu.*

Erik gleitet die Rue de Rochechouart auf seinem Matratzen-Floß hinab. Dritte links, er landet in der Avenue Trudaine, er wähnt sich auf einem Schiff, AUTOMATISCHE BESCHREIBUNGEN, *ich wiederhole*, AUTOMATISCHE BESCHREIBUNGEN … *Recht langsam, je nach Strömung. Sacht. Leichte Gischt. Noch einmal. Frische Brise. Schwermut der See. Leichte Gischt. Erneut. Leichte Woge. Nette Stampfbewegung. Leichte Woge.* Der Kapitän sagt: *sehr schöne Reise. Das Schiff kichert.* Vertauen. *Landschaft in der Ferne.* Festgezurrt. *Leichte Brise. Leichte Höflichkeitswoge.* Wanken. *Um anzulegen.* Satie hält abrupt inne, mit weit aufgerissenen Augen, *na so was!* … Nein, so etwas hatte er noch nie gesehen! … ein Junge seines Alters, auf dem Ast einer Kastanie sitzend, in Paris, mitten in der Nacht, Pierrot la Lune, mit baumelnden Beinen … das Kind mit dem künstlich aristokratischen Blondschopf blickt auf ihn herab… und stellt sich vor:

«Contamine de la Tour, ich gehöre zum Stammbaum der Napoleons. Aber ich kann auch von diesem Baumstamm hinuntersteigen, wenn du Lust hast, einen trinken zu gehen …»

Warum nicht … nachts durch Paris, bei all den Apachen, die herumlungern, ganz zu schweigen von den schwarzen Katzen, den Fledermäusen, den Dieben, den Alkoholikern und den Puppen …

«Was treibst du so?»

Erik zuckt mit den Achseln, steckt die Hände in die Taschen, setzt seine falsch lässige Miene auf, mimt den starken, reifen Mann …

«Ich mach ein bisschen Musik, einfach so, nichts Besonderes, kommt auf den Tag an … und du?»

Contamine legt sich in die Brust, steckt die Hände in die Taschen, mimt den starken, reifen Mann …

«Ich bin Dichter, ich steige zur Kontemplation auf die Bäume, das gehört zur Ausbildung.»

Erik lächelt. Endlich hat er den Beginn eines Hauses, eines Freundes und vielleicht eines Abenteuers gefunden. Nun muss er nur noch einen Beruf finden.

«Heute Abend?»

«Heute Abend! Die Galeere wartet nicht, komm, wir werden dir eine Arbeit finden, die zu dir passt, wir werden dir Einlass zu den Großen verschaffen.»

Da sind sie schon an der Rue Laval, vor dem Cabaret du Chat Noir, Erik ist wie versteinert. Leute, Leute, Leute, überall, Erwachsene, Echte, *Berühmtheiten* … Durch das Fenster zur Straßenseite sieht man alles, was das Jahrhundert an Künstlern, Alkoholikern, Gaunern, Taugenichtsen, Ironikern, Wasserallergikern, Spinnern und komischen Kauzen zu bieten hat … Contamine kommt ins Schwelgen.

«Dies ist der Tempel der versponnenen Konventionen, hier findet man eine ganze Fauna von wirren Ästheten, von Literatur-Aspiranten, von verrückten Farbklecksern, von Bohemiens … Hier geht der

feierlichste Pomp schamlos Hand in Hand mit den verstiegensten Fantasien.»

Und in der Mitte, neben dem goldenen Schweizer, der den Eingang bewacht, taucht der große Rodolphe Salis auf, der legendäre Impresario und Gründer des Chat Noir, der einzige Passierschein. Da steht er, raubeinig und sternhagelvoll. Ihn muss man überzeugen. Kein leichtes Unterfangen, Erik rutscht das Herz in die Hose, Panik befällt ihn.

«Nein, nein, nein, was kann ich ihm schon sagen, Tag, Tag, hier bin ich …»

Erik hält inne, als die Tür ihm entgegenschlägt: Der große Rodolphe tritt heraus, ein Schwall Musik und Alkohol schwappt über sie hinweg. Er blickt sie an, raubeinig und sternhagelvoll, seine berühmte Zigarre kauend, die er nur zum Schlafen aus dem Mund nimmt.

«Was macht ihr denn hier, Kinder? Hier gibt es nichts zu sehen!»

Er entfernt sich und geht zu einer Platane, um sie gratis und ausgiebig zu begießen … Wohl bekomm's! Contamine ist mächtig aufgeregt.

«Das ist deine Chance! Deine einzige! Wenn er sich umdreht, erfinde etwas. Wir müssen da hinein, bitte, ich muss dort hinein. Seit drei Jahren komme ich

jeden Abend vorbei, ich will ins Chat Noir. Salis kennt mich, er hasst mich, er hasst mich, denk dir schnell etwas aus, er kommt zurück …»

In dem Moment, da Rodolphe zurück in sein Cabaret gehen will, stellt sich Erik dazwischen, mit stolzgeschwellter Brust versperrt er ihm mit seinen blassen und feierlichen zwanzig Jahren, mit seinem *beherzten Leichtsinn und bereitwilligen Einzelgängertum* den Weg. Der Sohn der Sterne ist wild entschlossen, in die Legende einzugehen.

«*Mit wem habe ich die Ehre?*», fragt Erik und blickt Salis von oben herab an, so gut er kann, angesichts der Tatsache, dass er einen guten Kopf kleiner ist. Erik wird noch hochmütiger als der Eiffelturm – der im Moment erst bis zur Taille errichtet ist, aber schon jetzt: was für ein Metall!! *Aber dies ist eine andere Geschichte.* Amüsiert blickt Salis ihn an.

«*Du? Du? Mit wem du die Ehre hast?*» Er lacht sich schlapp und geht hinein.

«*Ich brauche eine Halbtagsarbeit, Monsieur. Ich kann heute Abend anfangen.*»

«*Sehe ich aus, als würde ich Kleinanzeigen schalten?*», erwidert Salis und schiebt ihn zur Seite.

«*Ich kann Klavier spielen, ich habe Fantasie, ich kann mich auf jede Art von Musik einstellen, Schlafen ist meine Sache nicht und ich habe in Wirklichkeit schon einen Beruf, aber er verschlingt nur die*

Hälfte der Zeit. Da ich nachts nie schlafe, brauche ich ein paar bezahlte Stunden. Nehmen Sie es als einen bescheidenen Beitrag zu der Kunst, die ich ebenso anbete wie diese Laternen hier. Ich füge hinzu, dass mich beherzter Leichtsinn und bereitwilliges Einzelgängertum auszeichnen …

Rodolphe findet allmählich Interesse an diesem höchst nervtötenden Bürschchen.

«*Du musst schon jemand sein, wenn du hier herein willst, bist du ein niemand, bleibst du draußen*», sagt er und verschwindet endgültig in sein Etablissement.

Da flitzt Erik hinter ihm herein und springt ohne nachzudenken auf die Bar, über allen Köpfen, für alle gut sichtbar, Tout Paris hat den Blick auf ihn gerichtet, als er aus Leibeskräften brüllt:

«ICH BIN GYMNOPÄDE!»

Rudolphe zuckt zusammen. Ah, dieser Kleine hat ein Auftreten, ein dreistes Auftreten, dieser Kleine ist genauso ein frühreifer Luftikus wie wir …

«*Ein schöner Beruf*», sagt Rodolphe und verneigt sich vor ihm bis zum Boden. «*Du wirst zweiter Spieler, Abendgage, du kommst zur grünen Stunde, spielst bis sieben, auch Zugaben, dann werden wir sehen, was du drauf hast, je nachdem, was du drauf hast, werden wir dir an deinen Platz verhelfen …*»

Und der Schweizer am Eingang klopft dreimal, um anzukündigen:

ERIK SATIE: GYMNOPÄDE!

Im Handumdrehen hat er einen Namen und ist engagiert. Das Leben, das wahre Leben beginnt.

Er wiederholt verträumt die Worte des großen Rodolphe: Treffpunkt zur grünen Stunde, wenn der Zucker fröstelt und im Absinth knistert, im grünen Absinth …

An diesem Abend wird er vom Geschmack des Lebens kosten, vom Geschmack der Nacht und der Freiheit, vom grünen Geschmack seiner schlimmsten Abstürze und seiner größten Lachanfälle, vom grünen Geschmack aller Feiern, auf denen er sich anständig benehmen wird. Auch vom Geschmack der Verachtung und der verleumderischen Blicke. Vom Geschmack der Rauferei und der hochkochenden Wut, vom Geschmack von Paris, vom Geschmack des Wegs nach Arcueil, vom Geschmack des Todes und der guten Erinnerungen, wenn man das Leben noch vor sich hat und mehr will, vom Geschmack des Wahnsinns, vom Geschmack der Musik, wenn sie nur noch ein kranker Gefährte ist, *der einem alles gegeben und alles genommen hat*, es wird auch der Geschmack der ganzen Welt sein, die ihn nie als solchen betrachten wird, und das wird ihn grün machen vor Zorn.

GYMNOPÄDIEN

Langsam und schmerzerfüllt.
Langsam und traurig.
Langsam und ernst.

6

Ich weiß nicht, ob die Einsamkeit und die Liebe gute Verhandlungspartner sind. Und ob der Klang des Lebens die Abende großer Kälte wärmt. Sich daran erfreuen, am Leben zu sein, in seinem Herz einen ganzen Haufen Indizien sammeln, wie Muscheln am Strand, Spuren davon, dass es andere gibt, dass man etwas Wert ist, *möglich, ja, möglich*, dass es einen weniger traurig werden lässt … aber es ist nicht sicher, dass man sich an einer Ecke der Vergangenheit wärmen kann. Es ist schwierig, nicht verrückt zu werden, wenn man Abwesenheiten sammelt.

Es ist schrecklich, sich genau an die Leute zu erinnern. Insbesondere, wenn man ihnen anschließend begegnet und sie keine Ahnung haben, wer man ist. «*Satie? … Ja, kann sein, ganz vage, das sagt mir etwas …*» Trotz seiner Kurzsichtigkeit erinnerte sich Satie an alle gemeinsam verbrachten Momente. An die Diskussionen. Die durchquerten Orte. Die Partitur des Raums als Kontrapunkt zu jedem Wort. Den Lärm ringsumher. Was die anderen gesehen oder gespürt hatten. Wann genau sie gelacht oder geschwiegen hatten. Was sie ihm anvertraut oder mit schamvoller Geste angedeutet hatten. Wann man das Thema gewechselt hatte. Warum man sich plötzlich vor jener Mauer nicht mehr verstanden hatte. Warum jener Scherz nicht ankam, der Bus aber schon … und und und … An die Farbe der Kleidung. An die Verknüpfung der Sätze. An die Zeichensetzung in der Stimme der anderen. An ihr Timbre. Ihren Ton. Ihre Befangenheit. Ihre Arroganz. Ihre Schlichtheit … Und, und … den sich ändernden Blick. Die Variationen des Himmels in ihren Pupillen. Die Art, wie ihr Maul lose wird oder sich verschließt. Den Stil, mit dem jede Geste beredt oder stumm wird. Auch an das eine Mal, bei dem Debussy von seinem Vater gesprochen hatte. Dieses einzige Mal. Erik erinnert sich, gesagt zu haben, er würde verstehen, *diese Distanz, ja, diese Distanz. Wenn man einander zu ähnlich ist, kann man nicht mehr miteinander sprechen.* Als Antwort fand Debussy nur die gequälte Suche nach einem Taschentuch, um der Unterhaltung auszuweichen, die Distanz zu seinem Vater tat ihm wahnsinnig weh.

Wenn man mit Satie zusammensitzt, teilt man nichts *einfach so*. Man teilt nichts, einfach nur *um die Zeit totzuschlagen, um etwas zu tun, um zusammenzusitzen ohne weitere Bedeutung, nein.* Mit ihm ist jede kleinste Nuance eines Spleen oder einer Freude, der winzigste Millimeter Intimität wichtig … *Du hast mir eben viel Schmerz zugefügt, mein Freund; und ich werde noch lange Zeit damit verbringen herauszufinden, warum du mich quälen willst. Ich verzeihe dir den Schmerz, den du mir zufügst; deine Undankbarkeit zu beobachten ist einfach traurig; aber in drei Jahren wird sie nicht mehr auf mir lasten. Und wenn ich gewusst hätte, dass du fähig bist, mich so zu behandeln, hätte ich nicht so viel Geld ausgegeben, um dieses Unglück kennenzulernen. Ich schwöre dir, dass das überhaupt nicht komisch ist.*

Für ihn sind alle Leute von Bedeutung. Er sortiert die Wolken nicht, er lauscht darauf, wie sie sich ergießen. Jede hat ihre einzigartige Stimme. Sobald er allein zurückbleibt, durchlebt Erik ihre brutale Abwesenheit und nimmt ein Stück davon mit auf den Weg. Aber nichts verletzt ihn mehr, als einen schönen Moment mit jemandem zu verbringen, der nur eine vage oder gar keine Erinnerung an ihn behält. Dafür gibt es keine Entschuldigung – *wir sind so viele auf dieser Erde, man sieht so viele Menschen an einem Tag, so viele Leute, denen man nie wieder begegnet …* Nein. Ein Moment der Unachtsamkeit mit Erik, und schon sind Sie aus seinem Leben verstoßen: vorbei, alle Mann aussteigen! *In der Kunst wie in der Freundschaft muss man bis ans Ende gehen, unerbittlich bleiben, bis zum Schluss.* Und wenn uns dies nicht mehr gelingt, sollten wir verschwinden. Zumindest für ein paar Tage.

In Honfleur gibt es nichts zu tun, das Meer schwemmt alles mit sich fort. Erik hat sich mit der Kindheit und den Stränden seines Lebens verkracht. Er ist glücklich auf dem Asphalt, fern von allem Erdgeplätscher und seiner vulgären Regelmäßigkeit, die einem in die Ohrmuscheln speit. Die Vulgarität der Welt, *auch das war Teil seiner Schwermut*. Man braucht nicht lange an der normannischen Küste zu verharren, um den Spleen zu atmen. Er kriecht einem in die Taschen, in die Strümpfe und sogar in die Erinnerungen. Hier, in Honfleur, riecht es nach Jod und Mamas Tod. Hier spiegelt sich der Himmel nicht, er bleicht das Licht und verteilt es mit feuchten goldbraunen Pinselstrichen bis an den Horizont. Manchmal sieht man nicht einmal mehr Le Havre. Manchmal ist es unmöglich, Frieden zu finden. Man muss mit den Grautönen verschmelzen, die einem das Hirn abtöten, oh, dieses Grau. Man fühlt sich derart verlassen.

Ich gehe nicht gern im Wind, er entführt die Klänge und Rhythmen, er mäht alles nieder. Wenn er bläst, lässt er uns taub werden. Dann muss man allein zurechtkommen mit dem, was man an maßlosen, allzu schweren Dingen sieht. Die Welt ist eine schlaffe Partitur. Ebenso das Leben. Es kann einem aus den Händen gleiten … *Dann sollte ich also nichts gemacht haben?*, fragt Erik. Er denkt an seine Mutter. Woran sollte er sich mit sechs Jahren erinnern? An eine vage Präsenz. Ein ermunterndes Lächeln. Ihr schottisches Lachen. Ihren senfbeigen Rock. Die brechenden Wellen des Brachlands, an das sie nicht mehr zurückkehren werden, dort oben, auf der Düne. Ihre Hand, an der er sich festhalten konnte.

Ihre Schulter, an die er den Kopf lehnen konnte, um zuzusehen, wie der Weg sich entfernte, wenn man in ihren Armen ging. Den Geruch von frischem Brot und Milch. Ein paar Englischbrocken, *thank you, good night, Kuchen, ich mag die Schule nicht, und der Violinschlüssel passt in kein Schloss, ich hab's probiert, und nun, now, Mama*. Conrad und Olga erinnern sich noch weniger an sie, sie waren zu klein. Erik kann nicht viel mit ihnen teilen, abgesehen vom Schweigen der Familie, einem langen Schmerz und einigen Seufzern.

Am Strand beginnt Erik zu keuchen. Er ist *trauriger als eine Trauerweide*. Und er fühlt sich beobachtet … von jemandem. Ausspioniert. Als wäre er nicht einfach so, zufällig auf Erden. Als erwartete man etwas von ihm, vielleicht, dass er den Clown spielt? … Er hätte nicht hierher zurückkehren dürfen. Nein. Nicht zu dieser Erinnerung an einen Samstag seiner Kindheit. Dieses scharf umrissene Ereignis wurde noch immer von den Wellen umspielt.

Erik war zwölf Jahre alt. Er ging am Meeressaum entlang, auf der Suche nach etwas, das er tun konnte … Spazieren gehen war schon etwas. Er streifte sich einen Ennui nach dem anderen über. Und nun war der Ennui schwerer als der Ozean. Erik ging ohne die Landschaft zu betrachten, denn er war gekommen, um sie anzuhören. Er liebte es, den Nuancen des Knirschens der Schuhe im Sand zu lauschen: den Nuancen der fast trockenen, krachend knirschenden, schweren und dumpfen, halb knusprig, halb klebrigen Feuchtigkeit, und dem Rhythmus, der das weite Herz beim Gehen begleitet. Wie ein Basso continuo spielte die Brandung die linke Hand, die ihre Spannung hält, während die rechte zur Seite der Düne fast reglos verharrte und die Ferne einen großen Satz Gestalt annehmen ließ, der nur schleppend vorankam. Der weiße Schaum schrieb unterdessen Randbemerkungen auf den Sand, ein schmaler Schaumfaden, diminuendo, crescendo, und zog sich dann mit einem tiefen Atemzug zurück. Erik lächelte, er war sich sicher, dass man am Horizont das Gewitter hörte. Er suchte nach einem Weg, sich weniger leer zu fühlen. Den Ennui zu foppen. Also beschließt er, sich noch mehr zu langweilen, aus Widerspruchsgeist: Kann ein Ennui, den man verdoppelt, zu einem Weggefährten werden? … Erik hebt den Blick zu den Häusern am Meeresrand, blickt zum Strand zurück und bemerkt auf einmal einen Baumstamm, der im Gegenlicht am Boden liegt. Ein Rätsel, ein paar gewonnene Minuten. Von hier aus sieht der Baum derart einsam aus, dass Erik sich verstanden fühlt. Das Licht verändert seine Stärke und fällt wie ein Vorhang über die Masse. Man braucht nur einen Schritt zur Seite zu treten, damit das Schauspiel beginnt. Erik geht auf den reglosen Baum zu und hält inne. Es ist keine Einsamkeit. Sie ist nicht mineralisch. Nicht pflanzlich. Es ist ein Körper.

Der Körper seiner Großmutter, die an der Küste Honfleurs gestrandet ist.

Der erste Gedanke, der ihm durch den Kopf schießt: Dieses Mal wird sie ihn nicht ausschimpfen können, weil er einen Keks aus dem orangefarbenen Schrank stibitzt hat. Dann gerät er in Panik und stößt im Kopf einen Schrei aus. *Langsam. Stark glänzend. Fragen Sie. Mit den Fingerspitzen der Gedanken. Gehen Sie davon aus. Schritt für Schritt. Auf der Zunge. Erstaunt. Gehen Sie nicht hinaus. In großer Güte. Intimer. Mit leichter Intimität. Ohne Hochmut. Langsam. Beraten Sie sich sorgfältig. Wappnen Sie sich mit Klarsicht. Für einen Moment allein. Sodass eine Mulde entsteht. Eine völlig verlorene. Tragen Sie das woanders hin. Öffnen Sie den Kopf. Verbergen Sie den Klang. Verbergen Sie den Klang* ... In Honfleur gibt es nur Sterbende.

«*Granny?*»

Die wacht nicht auf. Er sucht mit den Blicken nach Hilfe ... niemand. Die Leute haben in ihrem Leben etwas zu tun, sie gehen nicht außerhalb der Urlaubszonen spazieren. Also geht Erik noch näher heran.

Die Toten sind völlig kalt, es ist unglaublich. Granny ist nicht nass, sie muss hierhin gestürzt sein, auf einmal, im Badeanzug. Doch der große Sprung ins Leere hatte sich als kleiner Sturz entpuppt: Bruch von irgendetwas *inside* vielleicht, *möglich, ja, möglich,* Bruch mit dem Leben. Erik krempelt die Hose hoch und setzt sich ein paar Minuten neben sie. Wagt es nicht, sie zu betrachten. Den Blick nach Le Havre gerichtet, der vom Nebel verborgenen Stadt. Er sitzt da wie ein Hund. Ein Hund, der nicht weiß, was er tun soll, und sich nicht nass machen will. Er denkt nicht einmal an die Reaktion seines Vaters später, wenn er den Baumstamm seiner Mutter auf dem Sand seiner Kindheit finden wird. Wir sind alle Waisenkinder, scheint es, wir Männer dieser Familie.

Erik krempelt sorgfältig das Hosenbein hoch, so wie Granny ihn am Morgen noch gebeten hatte. Es war ein ziemliches Theater, ihn dazu zu bewegen, den Saum kürzen zu lassen, er hatte sich aus Prinzip geweigert. Als es in Mode kommen sollte, den Hosensaum bis auf die Schnürsenkel fallen zu lassen, trug er zu kurze Hosen, aus Prinzip. Aber heute, einverstanden, Erik ist einverstanden ... er krempelt den Saum hoch. Er fühlt sich nicht mehr beobachtet. Vor allem sagt er sich, dass auf die Frauen kein Verlass ist. Sie lassen einen von einem Tag auf den anderen fallen. Es ist immer einfach zu gehen. *Now, now, so what, now?* ... Wer zurückbleibt, fällt sich stets selbst zur Last. Auch wenn man erst zwölf Jahre alt ist, weiß man doch, was es heißt, nicht Auf Wiedersehen zu sagen. Man weiß, was es heißt, einem Blick, der einen nicht mehr anblickt, alles zu geben. Grannys weit geöffnete Augen sind in die Wolken gerichtet. Wenn man sich über sie beugt, kann man sein eigenes Bild sehen. Zum Spaß spiegelt sich Erik darin und streckt die Zunge heraus. Wie alle Clowns zieht er Grimassen, aber aus dem Tod zieht er sie nicht.

Da greift er nach einer kalten Muschel, legt sie seiner Großmutter auf die ewig lilafarbene Strickjacke, reibt sich die Hände, um den Sand zu entfernen, steht wieder auf und steigt mit einer langsamen, sogar mehr als langsamen Bewegung über den Baumstammkörper jener Frau hinweg, die ihn in den sechs Jahren nach Janes Tod großgezogen hat. *Must go. Must go. Goodbye Honfleur.* Er lässt Granny das Heldentor zum Himmel durchschreiten: *in Ruhe und tiefer Sanftmut. Abergläubisch. In Ehrerbietung. In aufrichtiger Stille. Jeder frevlerischen Anbetung entsagend. Ohne Hochmut. Zuvorkommend. VORHANG.*

DAS HELDENTOR
ZUM HIMMEL

7

Wer von uns kann sagen, was ein Leben ausmacht? Was haben wir aus all dem lärmenden Gerede gelernt, mit dem wir unser Unbehagen überdecken, da zu sein, sichtbar und leer zu sein, mein Gott, all diese Leere … An wen sollen wir unsere Ratlosigkeit, wir selbst zu sein, abgeben, damit wir uns dieser Ratlosigkeit nicht mehr stellen müssen? In Ordnung, wir sind wir selbst, aber wer genau? Es ist unmöglich, sich selbst ähnlich zu sein. Eines Morgens verfestigt sich etwas und eine Straße weiter hat man einen anderen Charakter oder eine andere Art von Wut. Es gibt keine Worte, um diese im Stillen vollzogenen Modifikationen zu benennen. Man entfernt sich von sich selbst, das ist alles. Man erkennt sich nicht mehr wieder, *simply like that*. Drumherum ist alles gleich geblieben, nur man selbst nicht. Man ist sich abhanden gekommen. Hat sich selbst überholt. Also wartet man mit dem inneren Gesicht eines anderen. Jenes der schlechten Tage und der Ungewissheiten: aggressiver Atem, völlig grundlos, nein, nicht grundlos, nur dass das Leben nicht mehr auszuhalten ist.

Plötzlich übersteigt es unsere Kräfte, weiter auf der Welt zu sein.

Man muss sich Zeit lassen. Warten, dass das Fass überläuft. Auch wenn die Krankheit in der Kindheit angefangen hat, auch wenn es schon mit zwanzig Jahren *every day* ein Problem ist, benötigt es noch Jahre über Jahre des Kampfes, bis man keine Kraft mehr hat. *Ich fühle mich außerstande, der Aufführung der* Morceaux en forme de poire *beizuwohnen. Es übersteigt meine Kräfte. Tut mir leid.* Guten Tag sagen ist unmöglich. Das Spiel spielen ist unmöglich. Satie ist vor lauter Enttäuschungen ganz runzelig geworden. Er geht sein Zimmer ab, er geht sein Leben ab. Er fragt sich, ob er je einen Freund gehabt hat, wenigstens einen, ja, aber wen? All diese gemeinsam verbrachte Zeit des Teilens, und wenn es nur gemeinsam verbrachte Zeit wäre? Zeit, auf die man verzichten könnte? Wenn Erik heute verschwände, wer würde nach ihm fragen, wer würde sich Sorgen machen? Die Entmutigung ist momentan so groß, dass sie ein Heldentor zum Himmel wird. Jenes Tor, das es ihm erlaubt, ein Held zu bleiben. Dazu muss er beschließen, frei zu sein, auf die Gefahr hin, seine Hässlichkeit zu zeigen. Also beschließt Satie, er selbst zu sein. Er beschließt, ein für allemal mit den Regeln und den Urteilen aufzuräumen, mit allem, was dazu beiträgt, dass man sich willkommen fühlt, lebendig fühlt … Es ist beschlossene Sache, ja, er will lieber seine Hässlichkeit zeigen. Weil es ihn zu viel kostet, so zu tun als ob. Die Intimität ist außer

Mode, Erik nimmt seinen eigenen *modern style* an. Seine Wahrheit durchbricht alle Grenzen. Sie kennt kein Ende, keinen Grund, sie ist leer und streng, weinerlich, simpel, vulgär, banal, enttäuschend, ja. Die Wahrheit macht uns universell und zu elenden Schuften. *Poor Mister* ... Der einzige Weg, sich selbst zu entrinnen, ist, noch mal völlig von vorn anzufangen. Auf die Gefahr hin, alles wegzuwerfen und zu zerstören.

Eines Tages greift Erik plötzlich nach seinen Sachen, unter dem staunenden Blick Contamines, rollt sie zur Kugel, setzt sich darauf, schiebt sie über den Holzboden, trampelt auf ihnen herum und übergießt sie mit allen möglichen Flüssigkeiten, bis sie sich in Lumpen verwandelt haben. Er zerbeult seinen Hut, durchlöchert seine Schuhe, zerreißt seine Krawatte, ersetzt seine Wäsche durch fürchterliche Hemden aus Baumwollgewebe. Er hört auf, seinen Bart zu pflegen, lässt sich die Haare wachsen. Er will unkenntlich werden. Er hat genug von sich, so, Schluss, er zieht um in eine andere Person und tauscht die eine gegen eine andere Schüchternheit.

Von nun an öffnen sich im Erdgeschoss der Rue Cortot 6 im oberen Montmartre die Morgenstunden. Er hat sein Desaster in einen desaströs kleinen Raum umgezogen, der nicht größer ist als ein Schrank *(Look! I am in the box Mummy! ... Silly you ...)*. Es ist eine Schachtel, in der man nicht einmal stehen kann. Eine Kiste von der Größe seiner

Atmosphäre, seines *inside* Klimas. Elend und winzig klein, mit einer Tür, die sich nicht richtig öffnen lässt, einem Bett, das den gesamten Raum einnimmt, einem gefliesten Boden mit einem Abflussrohr, das übel riechende Abwässer führt, schlecht beleuchtet, nur mit einer Truhe ausgestattet, nicht einmal mit einem Schrank … Aber es ist der ideale Ort. Es ist genau die Landschaft, die er in sich selbst vorfindet. Er ist zu diesem Zeitpunkt er selbst, verkörpert von einem Ort. Einem Raum ohne Sonne, denn er hasst die Sonne, *diese Nervensäge! Dieses Vieh. Sie sieht aus wie ein Kalb mit rotem Kopf wie ein Hahn. Eine Schande.* Zu diesem Zeitpunkt fühlt sich Satie wie ein kleiner Wandschrank, der aus einem einzigen Teil besteht. Kein Komfort, aber die winzige Freiheit, er selbst zu sein, eine ganz weiße Freiheit, verloren in den Gerüchten. Er bewegt seine städtische Silhouette *wie eine kleine, ganz kleine Frage*. Hier, *möglich, ja, möglich*, wird man ihn nicht stören. Hier ist sein *Home*. Hier kann er sich in seiner Keksschachtel zur Kugel zusammenrollen, tagsüber schlafen, nachts gehen, trinken, flanieren, träumen, leben …

Er lebt im Verborgenen, im Elend, pflegt sorgfältig seinen einzigen Anzug, den er an den vorstellungsfreien Tagen im Cabaret du Chat Noir oder in der Auberge du Clou mit Contamine teilt. Der eine geht aus, wenn der andere dableibt. Der eine bleibt, wenn der andere ausgeht. Das mondäne Leben hängt an einem einzigen Anzug, der dem einen so schlecht steht wie dem anderen: Die Freundschaft verbindet oft

Gegensätze, die Verdrossenen und die Ungleichen. Letztlich ist es aber auch egal, ob der Anzug zu lang ist, Erik will erkannt werden. Er hat seine Marke, seinen Slogan beibehalten: Er ist der, der am Ende des Abends lautstark vom Klavier aufspringt, seinen Klavierhocker tanzen lässt, wie in einer schlaflosen Nacht, und verkündet: *Ich gehe jetzt zu meinem Wandschrank und setze mich dort in eine kalte Ecke.* Eine Figur wird geboren.

Tag für Tag arbeitet er an seiner Maske und löscht alles Träge, Passable, Vulgäre aus. Er steht am Wendepunkt seines Lebens. Der schüchterne, zurückhaltende Junge legt seine angeborene Schüchternheit ab, um den Clown herauszulassen, der sich in Traurigkeit hüllt, einen janusköpfigen Clown. Er weckt *Tonnen wilden Humors, die in ihm schlummern.* Auch kann er sich auf Distanz halten, aufrecht. Niemand ahnt, dass unter der Künstlerschleife ein harmloser manischer Mensch schlummert, noch, dass er es satt hat, goldig oder abscheulich zu sein, je nachdem, ob er sich gedemütigt oder zurückgewiesen fühlt. Seine einzige Sorge gilt der Frage, wie man ins Leben ein- und wieder aus ihm heraustritt. Nicht in die Falle allzu persönlicher Gefühle tappen. Lieber lachen. Über die absurde Schwermut lachen und weder das Leben noch den Tod ernst nehmen, auf die Gefahr hin, niemals von irgendwem ernst genommen zu werden. Was soll's, im Moment braucht er vor allem Selbstvertrauen. Er sucht nach sich selbst, er tastet sich vor. Schließlich steht er noch ganz am Anfang der Welt.

Innerhalb weniger Wochen hat er sein Thema gefunden und gleicht nun der Fauna von Montmartre. Seine Hosenbeine fallen wie Jahresringe herab, aber er ist unter Künstlern, Einzelgängern, Hochmütigen, Größenwahnsinnigen, Fabulierern, Durchschnittstypen und Genies, Lügnern und Eingebildeten, Langweilern und Superarmen, sie alle sind da, um anzustoßen, mit Wein und Blankversen, mit Manifesten und Gewissheiten, mit Groll und Vergessen, hier brodelt die Verzweiflung eines ganzen Jahrhunderts, dieselbe Bewegung, Zeitalter der Bewegung, Perpetuum Mobile, und man musste dazugehören, dazugehören. Jede Uhrzeit hatte ihre Gewohnheiten: das Café Pousset, das Café Vachette natürlich, Bouscarat, Billiards en bois, Chat Noir, Auberge du Clou, überall, überall wird flaniert, geschimpft, gefordert, kapituliert, entdeckt, sich gefürchtet, sich aufgeregt …

Und es gibt keine Uhr. Wozu. Man sieht an den Gewohnheiten der anderen, wie spät es ist. Wenn Jules Dépaquit im Clou seinen *petit noir* bestellen geht, mit seinen Holzschuhen, die wie die Hufe einer Ziege auf die bierlackierten Dielen schlagen, weiß jeder, dass es sieben Uhr morgens ist. Einige erwägen, schlafen zu gehen, andere schlagen die Zeitung auf. Jules ist wie sein großer Bruder: eine fahle Erscheinung, als käme er gerade vom Friedhof, eine Art glühender Grufti mit schwarzen Haaren und hellem Löwenzahnblick, mit krausem Oberlippenbart, selbstsicher, mit wankendem Kopf auf einem zu hohen Körper. Wenn Sie ihn suchen, Jules kommt am Nachmittag zwei Straßen weiter an der Fontäne vorbei und wird versuchen, für zwanzig Francs unerhört absurde Zeichnungen zu verkaufen, die er während des Mittagessens gewissenhaft vollendet hat, in der moderaten Ruhe seines verräucherten Hotelzimmers.

Zur grünen Stunde kommen die Inkohärenten: Dann weiß man, es ist sieben Uhr abends und die Nacht naht heran, samt ihren Kaskaden von Leuten und Geräuschen, Contamine, Narcisse Lebeau, Satie und Alphonse Allais, die sich der Devise des Letzteren angeschlossen haben:

«Ein Mensch, der mit einer einfachen Illusion glücklich zu werden weiß, ist unendlich schlauer als der, der an der Wirklichkeit verzweifelt.»

Mit den Inkohärenten wird die Kunst partizipativ. Jeder kann sich ausprobieren, ganz gleich, ob er etwas zu sagen hat oder nicht. *Denn, es ist ein Zeichen dieser Zeit, dass die Künstler sich professionalisiert haben und die Amateure Künstler geworden sind!* Zum Beweis organisiert Jules Lévy eine Ausstellung mit Zeichnungen von Leuten, die nicht zeichnen können. Von nun an können sich all jene begegnen, die «weder Impressionisten noch Essayisten, noch Voyisten, noch Intentionisten, noch Krakelisten, noch Was-auch-immeristen» sind, und Satie erkennt sich darin wieder. Er verteidigt die utopischsten und ironischsten Projekte, wie die Installation eines Luftkanals. Er preist die demokratischen Bauten, die den oberen Stockwerken den Nachteil nehmen, sich auf übertriebener Höhe zu befinden. Alphonse Allais, Émile Goudeau, Caran d'Ache, Contamine, Narcisse Lebeau, die fröhliche Bande ironisiert alles und macht sich über jeden lustig: Wir zeichnen, wir machen Kunst und *mit einer einzigen Stimme rufe ich: Es lebe der Amateur!* Lasst uns aufhören, die Kunst in Smokings zu stopfen, lasst uns aufhören, *den Geist des «Institutswettbewerbs»* zu vergöttern. Lasst uns Lauttode statt Stillleben anbieten. Essigbilder statt Ölbilder! Heißnadelradierungen und Flachreliefs in Knoblauch! Gehen wir davon aus, dass die Sterne niemals irren. *Im Übrigen haben wir beim Befragen der Sterne herausgefunden, dass die wichtigsten Ereignisse des Monats Januar eigentlich in der ersten und zweiten Februarhälfte stattfinden sollten. Halten wir schließlich fest, dass die meisten Großereignisse des Monats Februar im Laufe des März stattfinden werden.* Der März ist der Monat des Schnees, und Sie, meine Damen und Herren, sehen hier auf diesem weißen monochromen Bristolpapier, meine Damen und Herren, nur Weiß, während Alphonse hindurchblickt. Er sieht weiter. Sehen Sie, es beginnt, es ist Sonntag, die Erstkommunion junger bleichsüchtiger Mädchen bei Schneetreiben. Sie tanzen hindurch, *wenn man zweimal hinsieht. Es sich sagen. Es sich sagen. Flach. Weiß. Immerzu. Vorübergehen. Gleichfalls. Aus dem Handwinkel. Allein. Einen Moment sichtbar sein. Sich verbinden. Angetrunken.*

Angetrunken ist das Mindeste, was man sagen kann. Satie hält sich nicht mehr auf den Beinen. Aber es ist ihm schnurz, er ist nicht mehr allein.

Mit seiner Bande träumt er lieber, anstatt zu leben. Denn es fällt ihm schwerer, eine Unterhaltung zu führen, als eine neue Harmonie zu erfinden. Der Alltag erschöpft, ermüdet ihn. Die Wirklichkeit ist beängstigend, sie sucht ihn heim, ein wahrer Bumerang … Überall stapeln sich die Verpflichtungen, Höflichkeiten, Zwänge, den Schein zu wahren und sich zu rechtfertigen. Die Leute verlangen, dass man da ist, oder sie werfen einem vor, vorübergehend abwesend, zerstreut zu sein. Reiner Neid, sage ich Ihnen. Also muss man mit ihnen zusammen sein, ohne Unterlass, das ist kräftezehrend. Nie kann man in aller Ruhe verschwinden, sich in die Intimität zurückziehen, nein, man muss teilnehmen. Ein Mann sein, eine Frau sein, ein Bürger, eine Persönlichkeit oder ein Parvenü, ganz gleich, man muss *sein*, und nach Möglichkeit biegsam, gut einzuordnen und leicht zu etikettieren. Also zwingt sich Satie. Aber er verbeißt seine Abwesenheit wie einen Ärger, er schiebt sie auf, käut sie wieder und, wenn er nicht mehr kann, bekommt er einen Wutanfall, für den jeder Vorwand recht ist, um einen Ort zu erschaffen, der unzugänglich ist, an dem die anderen keine Lust mehr haben, ihn aufzusuchen. Rette, wer kann, die Welt! In Sachen Wutausbruch war Satie unnachahmlich, ein Maestro. Es war seine Lebenskunst, gewissermaßen seine Lebensunterschrift.

Wer von uns kann sagen, was ein Leben ausmacht? Wenn man sich die Linien des Schicksals genauer betrachtet, wenn man, anstatt darin einen Faden zu suchen, sich wirklich darüber beugt, kann man sie sehen, in der Fußzeile, sie verleiht dem Weg, dem euren, dem meinen, seine besondere Färbung. Wir alle haben eine Lebensunterschrift. Sie macht uns einzigartig, ihretwegen ereignen sich die Dinge auf eine bestimmte Art und Weise und sie wiederholen sich oder verlaufen nach einer bestimmten Melodie, sind unverkennbar anders. Schon in den ersten Lebensjahren hatte Satie, wie jeder andere auch, ohne es zu wissen, seine eigene Tonart entwickelt.

Von einem Ende seines Lebens bis zum anderen sollte seine Lebensunterschrift aus ihm das machen, was Debussy sofort erkannt hatte: *einen, der sich in diesem Jahrhundert verirrt hatte* … Man Ray fand, dass Erik der einzige Musiker war, der Augen hatte – er, der so kurzsichtig war. Der Fotograf hatte bemerkt, dass Erik die Musik nicht hörte, sondern malte, er fotografierte, beobachtete sie. Sie war an seiner Seite wie ein Bruder, wie eine Schwester, neben denen man aufwächst, ein nicht aktueller, aber doch anwesender Schatten, mehr als eine Präsenz: ein Wesen, das einen vor dem Verhungern, vor der Not und sogar vor der Liebe rettet. Max Jacob hat Saties Tor zur Schwermut nicht weiter aufgestoßen, sonst hätte er nicht bestätigen können, dass Satie litt und leiden wollte. Das war es, was man sich in etwa vorstellte, wenn man sich von seinem Geschwätz und seinem Humor beeindrucken ließ, wenn man in die ernsthafte Falle seiner Fantasie tappte. Erik Satie war ein großes, hypersensibles Kind, ein Bilderstürmer, den Cocteau dechiffriert hatte, Cocteau, der am Tag seines Todes in Tränen ausbrach: *Seine Musik ist, wie er selbst, ein Aspekt seines modernen Bewusstseins, das in Klang übersetzt wurde.*

Hier wohnt Erik Satie, den man für einen Verrückten hielt, einen Elenden, einen Schaumschläger, einen musikalischen Analphabeten, einen Spinner, einen Versager, einen Verhärmten, einen Irren, einen Säufer, einen Clown, einen Paranoiker, und ja, sicher war er all das auf einmal. All das auf einmal, *möglich, ja, möglich*. Aber wenn man sich die Zeit nimmt, sich über seine Lebenslinie zu beugen, ihre Reichweite misst, so ist alles, was man erkennt, nur noch Jazz. Saties Leben war eine einzige Zickzacklinie, eine Begegnung von Blues und Ragtime, eine Mischung aus Spleen, Feier, Enthusiasmus, Enttäuschungen, Krisen, Niederlagen, mein Gott, wie viel Hoffnungen er hatte, jenseits aller Hoffnung … sein Zimmer in Arcueil ist grausam … seine Musik ist grausam … sein Leben war grausam … sein Elend war grausam … Zum Glück gab es Chopin und seine Blue Note, die ihr trauriges Echo in den Erinnerungen spazieren führte, mit jenem leichten Herabsacken der Schultern und der Träume, um einen Halbton, maximal, was später dem Blues und dann dem Jazz seine spezielle Färbung verleihen sollte …

Jazz? Ja, das war schon etwas, Jazz. Das erste Mal war Erik dem Jazz begegnet, als der Eiffelturm stolz seine dreihundertvierundzwanzig Meter Metallhöhe zur Schau trug, nach einem zweijährigen Baustellenchaos: Die Schönheit wurde genau zur Weltausstellung von 1889 fertig, Satie war dreiundzwanzig, zarten Alters und verfügbar, er hatte das Alter, in dem man alles aufsaugt. Er stand mitten im Gewimmel, er hörte die dreimillionenzweihunderttausend Besucher, denn alles war Musik. Dort ein paar rumänische Rhythmen, atemberaubende Czardas von rätselhaftem Klang, die bald in die künftigen Gymnopädien münden würden ... und auf der anderen Seite ein paar dissonante, unvergleichliche Rhythmen, die mit verblüfften Worten verschmolzen, etwas, das später zum Jazz werden sollte. Siebenundzwanzig Jahre später war es ein Schock: Die erste Jazzband spielte im Casino de Paris, und im Untergrund hörte man Platten aus New Orleans. Erik saugt jede Neuheit auf, die auf ihn einströmt, beeindruckt von dieser neuen Art, einen Gesang als Gegengesang anzustimmen und am Ende zwar nicht unbedingt die Harmonie, aber doch den richtigen Moment zu treffen ... Ah, wo er doch allem ein Jahr, ein Jahrzehnt, ein halbes Jahrhundert voraus war, ah, wie hätte es ihm gefallen, den richtigen Moment zu treffen! Aber nein, er hatte nicht die Kraft, sich nicht wehzutun. Er stürzte, stürzte immer wieder, bleischwer, *aber das ist eine andere Geschichte.*

Mit fünfzig Jahren wird er den ersten Ragtime der europäischen Musik komponieren, für sein Ballett *Parade*, das sich an dem inzwischen klassischen «*The Mysterious Rag*» inspiriert. Man muss diese Musik *traurig spielen*, rät er, man muss sie *traurig spielen*. Dieser mysteriöse Krach ist tiefer als das Universum, er gibt sich den Anschein einer Feier: Tand, Kopfstand, Freude, teuflische Unterhaltung, aber das ist nur Augenwischerei. Ragtime, Krach der Seele, man muss ihn *traurig spielen*, denkt Erik bei sich, weil *uns der Jazz seinen Schmerz erzählt und es uns schnurz ist, darum ist er schön und wirklich*.

So viele Zeitgenossen, Kritiker, Akademiker, Zuhörer, so viele und noch mehr Seelen, die Erik zu einem gewissen Moment gern begleitet hätte, ja, einen Moment zusammen sein, natürlich ohne zu stören, nur für Sie, mich in ihr Leben setzen, für fünf Minuten, und wieder fortgehen ... Aber nein. Satie hatte sich in dieses Zeitalter verirrt, und das Zeitalter verwirrte Erik Satie.

In gewisser Weise kann man diese Lebenslinie rückwärts lesen, sie hat nichts anderes gesucht als ein wenig Liebe und Beruhigung, ein wenig Stille, ein wenig Kindheit, ein wenig von dem, was uns alle verbindet: einen Blick. Man hätte besser zuhören müssen, aber sie haben es nicht begriffen. Sie haben nachgedacht, geschrieben, wiederholt, ignoriert, gebuht, gepfiffen, gespien und massenweise gedacht:

Erik Satie erzählt uns seinen Schmerz und es ist uns schnurz.

Doch wie ein Zeichen des Schicksals kam aus dem Krach einer Seele im Chaos einer anderen Seele an der Schwelle des Heldentors zum Himmel ein Jahr nach Saties Tod Miles Davis zur Welt …

VORLETZTE GEDANKEN

8

Erik glich nun allen anderen, aber niemand glich Erik. Einige hatten die Absicht, bis zum Ende zu gehen, andere hatten sich schon verloren, sagten aber nichts, es war ihnen lieber, sich von der Atmosphäre, von der Süße des Lebens tragen zu lassen, wobei sie in der Gesellschaft der anderen einen möglichen Weg sahen, der Stille zu entrinnen. Nach nur wenigen Jahren der Armut und Not – ein Anzug für zwei, zu viel Absinth und zu viel Absurdität – war Contamine, Trauermiene, nicht mehr ganz derselbe.

Niemand hatte die Kraft, es ihm zu sagen, zumal der Alkohol die Arterien und das Hirn ermüdete, die ernsthaften Anwandlungen um sich selbst kreisen und somit eine brodelnde Spirale entstehen ließ, in der sich die schlimmsten Seiten eines Menschen ungehemmt verstärkten. Der Alkohol macht aus jedem eine Karikatur. Und Contamine, Trauermiene, gelang es nicht mehr, die Dinge zu Ende zu bringen. In der Freundschaft wie in der Literatur sammelte er Satzanfänge und Anfänge von Beziehungen. Er nahm das Risiko der Arbeit nicht mehr auf sich, wagte nicht mehr, sich zu irren oder sich dem Urteil eines anderen auszusetzen. Er war ein Hasenfuß. Hinter seiner scheinbaren Faulheit steckte ein Ego, das groß war wie die Hügel der Buttes Chaumont. Er war unzuverlässig und sprühte dabei vor Ideen, in seinem Hirn wimmelte es davon. Aber es entwickelte sich nichts daraus: Eine gute Idee wurde von einer besseren verjagt und das war's, *end of the story*. Parallel zu seinem Literatendasein fertigte er unterirdische Übersetzungen von Autoren an, die er unterirdisch fand, die aber im Unterschied zu ihm veröffentlicht wurden. Contamine war so naiv zu glauben, dass der schwierigste und edelste Teil aller Arbeit der Anfang wäre: jemanden ansprechen, mit einer neuen Idee schwanger gehen, eine neue Partei gründen, einen ersten Kuss wagen. Er glaubte wirklich, Mut bestünde darin, sich ins kalte Wasser zu stürzen. Dann entdeckte er, dass der Mut in Wahrheit darin bestand, bei der Stange zu bleiben. Wenn man weiterschwimmen muss. Doch er war weder zäh noch geduldig. Er war wie Erik, er brauchte Ehrerbietungen und unmittelbare, totale Bewunderung, den Effekt, und was den Rest anbelangte, den überließ er gern den Sekretärinnen.

Da er immer häufiger gegen die jämmerlichen Autoren wetterte, die er übersetzen musste, stolperte Contamine die stark kodierte Leiter der «zweisprachigen Berufe» hinunter. Vorbei die Romane, Essays, aus Italien importierten Artikel. Nun war er wegen der großen industriellen Revolution, die den Lärm eines alles zermalmenden Ungeheuers machte, zur Übersetzung von Gebrauchsanleitungen für Maschinen übergegangen. Er gab vor, auf diese Weise mehr Zeit zu haben, sich ernsthaften Dinge zu widmen: der Literatur. Das Zeitalter zu erfassen. Etwas über die Welt zu sagen und bis zum Ende darin zu verharren.

Aber Contamine blieb am Grunde der Schlucht gefangen, ohne über die reine Absicht hinaus zur Tat schreiten zu können ... Er begann seine Geschichten und führte sie nicht zu Ende. Bald waren es seine Sätze. Seine Erinnerungen. Seine Worte. Da er derart im Beginn seiner Welt gefangen war, begann auch der Freund zu schrumpfen. Manchmal setzte er an, einen anzublicken, brachte es aber nicht zu Ende. Dann erkannte er einen nicht mehr. Er fing an sich zu erinnern, aber nein, er erinnerte sich nicht mehr. Am Ende verlor er sich. Erik begegnete ihm eines Nachts an der Place Denfert-Rochereau, als er gerade auf dem Weg in sein Zimmer in Arcueil war.

Contamine ritt auf dem Löwen von Belfort, um ihn herum hatte man erfrischende Wasserstrahlen angebracht, was den Leuten egal war. «Trauermiene» klammerte sich mit allen vieren an ihn, entsetzt, von Schwindel ergriffen. Die Leute blieben stehen und lachten. Erik reichte ihm seinen Stock ...

«Halt dich fest, es ist nicht so hoch, du kannst langsam hinuntersteigen, halt dich fest, du bist nicht weit vom Boden, ich bin hier, ich fang dich auf, ich lass dich nicht fallen, versuch hinunterzugleiten, los, gleite langsam hinunter, steig von dem Löwen herab, du wirst dich erkälten, er ist bloß eine Statue, keine Panik, es ist kein echter Löwe, keine Sorge, rutsch hinunter, es ist nur behauener Stein ohne Bedeutung, greif nach dem Stock, nun gib dir doch einen Ruck verdammt …»

Aber Contamine reagierte nicht: Entweder erkannte er Erik nicht mehr oder er hatte sich wirklich in die *inside* Hemisphäre zurückgezogen. Erik schüttelt den Kopf und schwingt ein Bein über die erste Stufe der Fontäne, bereit, die Dusche des Jahrhunderts zu empfangen. Nach wenigen Sekunden ist er klatschnass, es amüsiert ihn, Contamine reicht ihm die Hand und hilft ihm, auf den Löwen zu klettern, er setzt sich zu ihm.

«Eine kleine Stärkung? …»
«Gern …»

Sie entkorken einen Calvados, es ist fünf Uhr morgens auf der Place Denfert-Rochereau, von hier aus sieht man die Rue d'Alésia wie ein Zukunftsversprechen und zwei Freunde prosten sich bei Tagesanbruch zu, während die Sonne mit ihrer Senfschnauze auf die Stelle zeigt, an der später der Tour Montparnasse stehen wird.

Die Luft ist mild, der Calva *strong* wie das Lachen von Contamine, der sich nicht mehr einkriegt, immer und immer wieder losprustet, bis er die Tauben um sich herum mit seinem Lachen ansteckt und die Clochards, die sich krümmen vor Lachen und eigentlich schlafen wollen. Erik schlägt die Hacken in die Flanken des Löwen, im Rhythmus des Wassers, das auf den Boden schlägt. Es stecken Höhen und Tiefen darin, Ernstes und Unnützes, Klangvolles und Verletztes. Und überall literweise Gefühl. Es riecht nach Präludium, nach Schlaffheit. Sie sind die Einzigen, die dort oben über die Welt lachen, Kapitäne eines reglosen Schiffes, auf Bergen von Ideen. Sie teilen, ohne es zu wissen, ihre vorletzten Gedanken. Meditation: *etwas lebendig.*

Der Dichter hat sich in seinen alten Turm zurückgezogen (the poet is shut away in his old tower). Hör den Wind (hear the wind).

Der Dichter denkt nach, ohne dass es so scheint (the poet is musing, without appearing to). Plötzlich hat er Gänsehaut (All of a sudden, he has goosebumps).

Warum? (Why?)

Dort, der Teufel! (The Devil!)

trocken. Nein, er ist es nicht. Es ist der Wind (no it's not him: it is the Wind).

Der vorüberwehende Wind des Genies (the wind of the spirit passing by).

Der Kopf des Dichters ist voll davon (the poet's head is full of it).

Voll Wind! (of wind!)

Er lächelt schadenfroh, während sein Herz (zart,

tender He smiles slyly, while his heart) weint wie eine Trauerweide (zart, tender weeps like a willow).
Aber das Genie ist da, es sieht ihn an (but the spirit is present!) mit bösem Blick: mit Glasauge (it gazes on him with an evil eye: a glass eye).
Und der Dichter wird demütig und rot (and the poet grows meek and blushes).
Er kann nicht mehr nachdenken (He can muse no more).
Er hat Verdauungsstörungen! (he retches!)
Eine schreckliche Verdauungsstörung von schlechten Blankversen und (a terrible retching ob bad blank verse and)
Bitteren Desillusionen! (bitter disillusions!)

Am nächsten Morgen betritt Contamine fröhlichen Schrittes die Auberge du Clou und stürzt auf Erik zu, mit einer freudigen Nachricht: Er hat am Abend zuvor an der Place Denfert-Rochereau einen neuen Freund gefunden, der Erik sehr gefallen wird.

«Du musst ihn kennenlernen. Wir sehen uns heute Abend wieder, vor dem Löwen, komm mit.»

Die anderen machen sich lustig. Der Bericht vom Vortag hat schon in ganz Paris die Runde gemacht. Man nennt ihn «Contamine», den König des Dschungels, nach seiner «Löwenkrise». Alle Welt weiß, dass der Dichter oben hockt, es ist offiziell. Erik lacht nicht. Denn gestern war nicht wirklich Erik an der Place Denfert-Rochereau. Es war nicht derjenige, der ein wenig Bitterkeit und Calvados mit seinem Freund geteilt hatte. Es war weder der Mondäne noch der Clown noch der Feierwütige. Er hatte sich selbst gezeigt, nackt, unverstellt, echt, wahr. Er hatte sich selbst gezeigt, den Ungewissheiten und Verleumdungen die Stirn geboten. Der echte Erik. Und so kommt es, dass Contamine, der Ängstlichste von allen, in dem Moment, da er sich endgültig auflösen wollte, den echten Satie zu Gesicht bekommen hat.

«Wegen heute Abend werde ich sehen, was sich machen lässt», sagte Erik, «ich kann dir nichts versprechen, aber ich werde sehen, was sich machen lässt.»

In Wahrheit ist er beunruhigt. Ein Ultra-Schall ist zwischen den Herzschlag seines Freundes und den Fluss seines Musikerherzens gehuscht: ein Hilfeschrei. Und dann nichts mehr. Erik fragt sich, ob dieser Stromschlag von seiner Seele oder von woanders herrührt. Er verjagt den Moment und setzt sich in Gedanken ans Klavier: Er hat Lust zu komponieren, ein dringendes Bedürfnis zu komponieren. Plötzlich ist er nicht mehr da, niemand hat ihn hinausgehen sehen: die Tür, das Klavier, die Einsamkeit … *beginning*. Heute Abend wird er die ganze Nacht hindurch arbeiten, als würde dies eine Seite seines Lebens dauern, ein paar Minuten, und schon ist er vom Morgen zum Morgen hinübergegangen.

Es gibt eine eingefrorene Sonne, ich kenne sie gut. Ich bin nicht heiter, bin nicht komisch. Oft bereue ich, auf die Welt gekommen zu sein … Aber was treibe ich auf dieser so irdisch-erdigen Erde? … Ich bin mutterseelenallein, wie eine Waise, oder wie ein Einsiedlerkrebs, ohne Freunde, die mir Gesellschaft leisten.

Contamines Tod wurde drei Tage später bekannt. Ein Sturz in die Fontäne. Einige sprachen von Selbstmord. Er konnte nicht mehr allein sein, es hörte nicht auf, es hörte nicht auf, es fand niemals ein Ende.

Und es geht weiter und wird immer weiter gehen, ohne die geringste Unterbrechung, und immer ohne den geringsten Raum!

9

Wenn die Leute einen ohne Grund vergessen, ist es unbeschreiblich. Es müsste per Gesetz verboten sein. Sie hinterlassen ein Leck im Herzen, wie ein Pfeifen. Man nennt das Tinnitus. Pech, wenn man Musiker ist.

«Ich höre es, ich höre es, sage ich dir, ich höre, wie meine Mutter brummt, hilf mir, tu etwas.»

Claude pustet in Eriks Ohr und streicht ihm mit der Hand leise klopfend über die entsetzte Stirn.

«Ist die Hummel auch da?»

Erik nickt. Er kann sich nicht von der Wand des Cabarets lösen. Er kann seinen Körper nicht mehr halten. Er versucht, vorwärts zu gehen, aber der Boden entzieht sich ihm. Im Saal glauben einige, dass er eine Überdosis hatte, aber eine Überdosis wovon?

«Aber nein, er rührt das Zeug nicht an.»

«Ich rühre das Zeug nicht an!!!», brüllt Erik und packt Debussy mit den Fäusten. *«Help me!»*

Seine Stirn glänzt vor Schweiß, sie sieht aus wie ein kahler Vulkan: Unter der Haut wanken die Knochen wie von Jahrtausenden erodierter Stein. Er versucht, sie abzuwischen, aber seine Stirn ist nur noch ein großes zerknittertes Laken. Alle sehen ihn an, er möchte am liebsten verschwinden. Seine Augen, wie Holzpflöcke aufgestellt, bewachen resigniert, in Habachtstellung, seine Seele. Er zündet sich eine Zigarette an und setzt seinen Körper tollkühn in Bewegung, langsam, seinen gebrochenen Körper, plötzlich weht ein Wind durch das Chat Noir. Erik sieht aus wie ein taumelnder Mast, unsicher, Vorsicht: *ein Meer von Alkohol in Sicht, es wankt …*

Seit gut fünf Minuten versucht Erik hinauszugehen. Er nimmt die Tür ins Visier, aber die Tür verschiebt sich nach draußen, und das Draußen passt nicht mehr durch die Tür, es ist zu groß geworden. Erik krallt sich fest, Backbord, Steuerbord, *die Straße rutscht nach links und die Türöffnung nach rechts, Alarm, Alarm!* Er wendet sich zu den anderen um, zugedröhnt und entrüstet, was bei ihm häufig Hand in Hand geht.

«Die Tür ist nicht in der Flucht.»

Backbord, Steuerbord, schplaff, schplaff, bam, ein Tisch. So. *Vielleicht sollte ich mich einen Moment setzen.* Claude betrachtet ihn verdrossen. So sehr hat Erik versucht, die Hummel in seinem Ohr herauszubekommen, dass er blutet. Er merkt es nicht. Er versucht erneut, bis zur Tür zu gelangen, er will nur noch dieses Brummen wegbekommen. Er erträgt es nicht mehr, seine Mutter zu hören. Erik betrachtet die schwarze Katze auf der Mauer gegenüber: Wie winzig die Einsamkeit ist, man erstickt. Claude beobachtet ihn, von einem unsagbar kleinen Stromschlag alarmiert. Er hat gespürt, dass das Ungeheuer Satie sich bald wieder erheben wird.

«*Es geht los, endlich, es geht los*», sagt Erik mit einem unpersönlichen Lächeln.

Er stützt sich auf einen Tisch und schafft es endlich, sich hinzustellen. Seine Wangen spielen Kastagnetten und seine Lippen zucken nervös nach links, aber nicht seine Hände. Seine Hände sind stark. Die kompakte Masse seiner Schwermut erhebt sich mit einem Ruck, leicht wie ein Drachen. Erik steuert auf das Klavier zu, das ihn dort, auf der winzigen Bühne, die sein Land darstellt, erwartet, und setzt einen Akkord. Es ist vorbei, möglich, ja: Die Hummel, die Einsamkeit, seine pfeifende Mutter, das alles ist vorbei.

Hier eine Note.

Schwebend, auf eine andere zugehend, zitternd, kaum berührt. Eine dritte erscheint aus dem Nichts und kehrt zurück ins Nichts, Erik fängt sie rechtzeitig wieder ein, mit der linken Hand, berührt kaum den Rhythmus und nimmt ihn dann wieder zu früh auf, das ist noch nicht der Moment, zuerst noch eine andere Note. Eine winzig kleine. Da ... so ... und noch eine, die vom Ende des Horizonts käme, *vom Ende des Horizonts*, sie klammert sich an das Echo der ersten ... sie ist seine Schwester Olga, die durchs Küchenfenster sieht, wie Mamas Sarg fortgetragen wird. Das Fenster ist etwas schmutzig. Man hört die Stimmen draußen nur schlecht. Man hört die Stille nur schlecht. Erik verknüpft vier Noten und dann nichts mehr. Vier Noten und dann nichts mehr. Aufsteigend. Ein kleiner Hügel, wie ein Kissen für Olgas Füße, damit sie besser durch das Fenster sehen kann, *es ist warm*. Erik merkt nicht, dass ihm alle in der Auberge zuhören. Er sucht die Farbe des Himmels. Wie der Himmel an dem Tag ausgesehen hat, in seiner Vorstellung. *Das tut nicht weh, wie kleine Füße in tanzenden Hausschuhen, eine verrückte Leichtigkeit, die Leichtigkeit von Mamas Blick, die gestern über den Balkon gebeugt war, um uns zuzusehen, wie wir mit Conrad spielen, wir spielten ahnungslos mit den Händen im Sand, hier ist der Sand*, eine Düne aus acht Noten, die schneller werden, als würden sie in den Wind gestreut ... sie schweben ... ja ... eine Verschnaufpause und dann weiter, winzig klein mit dem Wind weiterfliegen. Drei kleine Noten werden auf dem Sand aus Conrads und Saties Händen geweht. Dann wirft man Mama in die Erde, heute. Erik hält inne, denkt nach, atmet durch und springt auf einen anderen Gedanken auf.

Er will Regen. Laut prasselnd. Er will ihn mit einem leichten Decrescendo dämpfen. Er will sich nicht an Conrads oder Papas Tränen erinnern, auch nicht an den Apfelgeruch oder an den Schmutz in den Ecken des Küchenfensters, nein, er hält inne. Verlässt mit sich unzufrieden, wirklich unzufrieden seinen Sitz: Er findet Schaukeln entsetzlich, das ist bekannt! Er hasst es, für das zu üben, was sich abends im Rauch, im Alkohol und zwischen schlecht gehaltenen Versprechen ereignen wird.

«Endlich bin ich müde.»

Wie betäubt sieht Claude Saties unwirkliche Gestalt vorbeiziehen: seine zu kurze Hose, seine Pappmaché-Erscheinung mit einem Hauch von Dünkel. Zwei Straßenecken weiter versucht Erik, einen Sonnenstrahl einzufangen. Die Dämmerung bricht schnell herein. Man muss zehn volle Sekunden für einen Sonnenuntergang einplanen, mehr nicht. Man muss nur warten. Aber das entspricht nicht seinem Charakter. Der Himmel hat nichts zu sagen: Da oben ist niemand, der wacht oder überwacht. Es gibt dort oben nicht einmal Einsamkeit, es ist dort zu warm, das ist eine schlichte Banalität. Erik geht weiter, voller Scham, er schnüffelt an seinem Hemd, es riecht nach Asche, und so auch sein Herz, beklommen, *today, beklommen.*

Ich bin zu jung in eine zu alte Welt geboren.

Ich bin kahlköpfig und mit Unbehagen an einem Samstag zur Welt gekommen. An einem Tag voller Ungewissheit und Freude, es gab nicht viel Lärm. Ich bin schüchtern zur Welt gekommen. Das Licht war blassblau. Verblüffend. Ich habe nicht geschrien. Ich bin wirklich allein zur Welt gekommen, *möglich, ja*, mutterseelenallein, lächelnd: *welcome*. Tage ohne Regen bringen mich nicht zum Lachen, ich sehe dann nichts. Muss man sich den Dingen nähern? Macht es euch denn keine Angst? Ich bin kurzsichtig. Vor mir ist alles unerreichbar, verschwommen, in weiter Ferne. Ich erkenne eine Folge von undefinierten, unregelmäßigen Flecken, eine Art missratene Malerei ohne Konturen, an der man nicht vorbeikommt, von hier aus kann man die Entfernung nicht einschätzen, man muss sich nähern. Manchmal hat man keine rechte Lust, sich zu nähern. Sollen die Leute doch genauer sein, oder?

AUF EINEM STÜCK
HORIZONT AUSHARREN

10

Paris ändert sich, Paris besteht fort. Der moderne Mensch reist durch die Lüfte, verbraucht Strom, fährt Auto, vergnügt sich im Kino, hört Grammofon und entdeckt das Unterbewusste. Die Geräusche der Stadt haben sich verändert. Neue Klänge, mobilere, industriellere Klänge tauchen auf. Der Raum hat sich in kleine kubistische Würfel aufgelöst. Neue Klänge werden hergestellt, weil man neue Gegenstände herstellt: Flugzeuge, Elektromotoren, Reifen. Die Zeit ist nicht mehr eins. Cantor beweist die Existenz unendlich vieler Unendlichkeiten in unendlich vielen Dimensionen, während dem Licht nichts mehr Mechanisches anhaftet, sondern es entpuppt sich als dämmerig und wellenartig. Das Volk vertraut in den Fortschritt.

Auch die Straßen ändern ihre Geschwindigkeit, als Eugène Hénard eines Tages beschließt, sie anzuheben, um den Autoverkehr von dem der Fußgänger zu trennen. Es ist die Geburtsstunde des Trottoirs. Und des Kreisverkehrs, der die Fahrzeuge in dieselbe

Richtung zwingt. Und die Fahrzeuge spuren. Paris ändert sich, ordnet sich Stück für Stück. Organisiert sich. Nimmt Fahrt auf.

Es ist die Zeit der Unisexmode, man begeistert sich für die Erforschung von Geisteskrankheiten, besonders die Psychiatrie Salpêtrière. Die Sprache, die Stadt, die Leute werden «modern style». Die Fassaden sind im Jugendstil gehalten. Die Linien verschnörkeln sich, alles gerät in Fluss. Die Busse der CGO übernehmen den Großteil der Personentransporte mit einer Rekordgeschwindigkeit von acht Stundenkilometern. Doch wenn man es wirklich eilig hat, ist das einzig schnelle Verkehrsmittel das Bateau-Mouche, das bis zu fünfzehn Stundenkilometer erreicht. Aber Vorsicht! Will man sich zu den Stoßzeiten seine Unabhängigkeit bewahren, wird die Anschaffung eines Fahrrads empfohlen. Meiden Sie aber die Halles und das Rumpeln der Karren aus dem letzten Jahrhundert.

Alles nimmt Fahrt auf und alles ändert sich, nur eines bleibt, selbst der Fortschritt kann hier nichts ausrichten: Wir werden alle sterben. Das bleibt aktuell, *aber das ist eine andere Geschichte …*

11

Satie muss zwischen seiner Musik und seiner Schwermut wählen. In diesem Winter 1887 findet er in den leeren Nachmittagen der Auberge du Clou Zuflucht: Er leiht sich ein Klavier. Aus dem guten Grund, dass man sich in dem Wandschrank, in dem er lebt, nicht zu zweit aufhalten kann. Immer wenn es drei Uhr nachmittags schlägt, setzt sich Erik mit einer Partitur in den Keller. Heute mit einer Sarabande, der zweiten. *Langsamer, leiser, langsamer, leiser, langsamer.* Bis dahin ist er gekommen, als er merkt, dass er nicht allein auf der Welt ist. Seit gut zehn Minuten steht da ein Mann, arglos, mit gesenktem Kopf, konzentriert, aufmerksam, ja nahezu versunken und erstaunt, erstaunt, erstaunt, *was Sie da spielen ist verblüffend.* Erik zuckt zusammen und fährt herum, der Mann hat die Hände in den Taschen, den Rücken gegen die Ziegelwand gelehnt, kerzengerade unter dem Gewölbe, herablassend, leicht ironisch.

«Sie sind Schotte, nicht wahr?»

Erik mustert ihn. Ja, er ist Schotte, aber nicht seine Musik:

«Es ist eine Skizze. Für eine Sarabande. Ich bin Komponist. Mit wem habe ich die Ehre?»
«Claude Debussy.»

Vier Jahre trennen die beiden. Der kleine Erik lebt im Untergeschoss des Pariser Lebens, während der große Claude sich im vollen Aufstieg befindet. Auf der einen Seite eine drahtdürre Erscheinung, die nur wenig auf sich hält, auf der anderen ein hochmütig aufgeblasener Ballon. Der eine auf seinen Irrungen kauernd, der andere im Komfort stehend. Der eine im Elend, der andere prall vor Ruhm: Der Jüngere wird stets den Hanswurst spielen und der Ältere Beifall klatschen.

Keiner ist demütig genug, um keine Erwartungen an den Himmel zu haben. Wenn Sie Ihr Leben dem Elend verschreiben, um etwas zu erschaffen, erwarten Sie im Gegenzug ein Geschenk. Es ist ein Geben und Nehmen. Sonst wird Ihr Blick schnell grau und verbittert. Satiegrau. Unzufrieden.

Dagegen Claude mit seinen Pranken, seinem heimtückischen, wenn auch rundlichen Gesicht, seiner zu engen schwarzen Jacke, der hochmütig mit Überschwänglichkeit verzierten Zerstreutheit, mit seiner massiven stiergleichen Gestalt und seiner Arroganz, die er mit allen anderen dieser Epoche teilt. Claude war ein sanftes, aber launisches Wesen mit einem Hang zur Aggressivität. Das merkte man an der fingierten Demut seines Lächelns. Wenn er mit einem sprach, begegnete er einem nicht mit Interesse sondern mit Kalkül. Rivale? Ja oder nein? Er hatte diese Pariser Komplexität, diese Eleganz des mondänen augenzwinkernden Betrachters, dessen bloße Anwesenheit einen zwingt, sich zu ducken. Man unterwarf sich. Ohne das Geringste über ihn zu wissen. Es war animalisch. Er war der König und man selbst: ein Sockel. Erik war fasziniert und gedemütigt. Neben Claude fühlte er sich wie ein magerer Hampelmann, der sich ständig beweisen muss. Eine himmelschreiende Ungerechtigkeit. Sein ewiges Bemühen, Aufsehen zu erregen, war Claudes Sache nicht. Eine Frage der Selbstgewissheit. Charisma, sagt man, sei ein bestimmtes Verhältnis zur Sonne …

Als die beiden sich erstmals begegneten, war noch nicht absehbar, dass sie sich verstehen würden. Sie waren sich zu ähnlich, zu arrogant, zu sensibel. Doch sie sollten eine tiefe, wenn auch ambivalente, ernsthafte Beziehung führen, kurz: eine existenzielle Beziehung. Es steckte viel Bewunderung darin, *möglich, ja, möglich*, sowie großer Respekt, Erstaunen, Unbehagen, Humor, aber vor allem Zärtlichkeit. Große Zärtlichkeit. Wie bei zwei stolzen Brüdern, die sich lange böse sein können und sich bereits auf das Wiedersehen freuen. Ihre Erwartungen an die Musik schweißten die beiden eng zusammen. Sie waren vom selben Schlag, beide wollten in der

Geschichte Spuren hinterlassen. Was man von dem einen sagte, ließ sich auf den anderen übertragen: *M. Debussy zeichnet sich sicher nicht durch Plattheit und Banalität aus; ganz im Gegenteil hat er eine Vorliebe fürs Sonderbare; man merkt ihm an, dass er ein Gefühl für Farben und Poesie hat, sein Hang zu ihnen ihn aber leicht vergessen lässt, wie wichtig auch die Genauigkeit der Zeichnung und die Klarheit der Form ist. Es bleibt zu hoffen, dass er die impressionistische Vagheit, eine der gefährlichsten Feindinnen der Wahrheit in jeglichem Werk, hinter sich lässt.*

Doch die Eifersucht zwischen den beiden sollte weitergären und schäumen wie Bier. Die Verteilung der Karten stand von der ersten Minute an fest und blieb im Laufe der dreißig Jahre ihrer Freundschaft stets dieselbe. Erik erwartete zu viel von Claude.

Er war von diesem Mann besessen. Er wollte ihn beeindrucken, ihn um den Finger wickeln, ihn zum Lachen bringen, bewundert werden. Für ihn zog er seine *Show* ab, *Jack is out the box!* Claude zu unterhalten war das Ziel seines Lebens. Jedes Mal wenn Erik bis zur Erschöpfung prahlte, wirkte Debussy zufrieden: Er hörte zu, klatschte Beifall und verschwand zurück in sein Leben. Denn er hatte eins. Es folgte Schweigen. Leere. Warten. Allein mit sich, quälerisch. Nutzloser Satie.

Aber je mehr Erik sich in seiner Eitelkeit darin verstieg, Claude zu gefallen, desto mehr Zeit verlor er.

Denn dann arbeitete er nicht. Zum Ausgleich hingen sie gemeinsam herum, sein Klavier schmollte. Manchmal sind Musikinstrumente ein Spiegel des Selbstwertgefühls.

Von außen war es unmöglich, das Ausmaß seiner Verzweiflung zu erraten. Nur seinem Bruder erlaubte Erik, die Tür zur Intimität aufzustoßen. Vor Conrad wagte er, ja, wagte er zu sagen, wer er war, sich in seiner ganzen Jämmerlichkeit zu zeigen, seine armselige, erbärmliche Existenz einem Paar Ohren anzuvertrauen, die ihn nicht verurteilten. Es gab Claude und es gab Conrad, der eine war sein Herzensbruder, der andere sein Blutsbruder. Dem er immer häufiger schrieb, als würde er an sich selbst schreiben.

12

An diesem Morgen ist das Wetter mild, sechs Grad. Nur zwei oder drei Donnerschläge haben den Tagesanbruch unterstrichen. Das Jahrhundert hat eine Hundertachtziggradwende gemacht, eine Kehrtwende, die wahre Jahrhundertwende, tauschen Sie Ihre Uhren aus, wir beginnen von vorn, alle Zähler auf Null, das Rad dreht sich, meine Freunde, *wir sind im Jahr 1900! Allesamt!* Tausendneunhundert Ungewissheiten, vor allem, wenn man sich besieht, wo die Menschen stehen, wie sie an ihrem Standing festhalten, den Blick aufs Automobil geheftet und die Ohren mit Wagner zugekleistert. Das Bureau des Longitudes hat soeben ausgerufen: Das 19. Jahrhundert endet offiziell am einunddreißigsten Dezember 1900. Man dachte, alles würde jetzt beginnen, genau an diesem Punkt, weil das Gestern mit einem Satz vorbeigegangen ist, am Montag den ersten Januar. 1900-faches Hurra, wir ändern unsere Meinung, unsere Kleidung und unsere Liebe. Erik war sich sicher: Der Pleitegeier war Vergangenheit. Der Gegenwart gehörten der Ruhm, die Post-Jugend und die Post-Moderne!

Doch stattdessen erfasst Not den Kalender … *Ich bin hier ziemlich allein. Wenn ich nicht Debussy zum Reden hätte über höhere Dinge als das, worüber die Durchschnittsleute so reden, ich wüsste nicht, wie ich meinen armen Gedanken Ausdruck verleihen sollte – wenn ich es denn überhaupt noch täte. Die Künstler unserer Zeit sind zu Geschäftsleuten mutiert und pflegen dieselbe Logik wie ein Notar. Das ist nicht besonders witzig. Mir scheint, die jungen Leute wären nicht mehr dieselben oder sie würden zumindest nicht mehr das Gute und Schöne preisen. Genug von dem Thema; es macht mich wütend …* Das Leben ist derart … Das Leben ist derart …

Erik greift nach einem Stück Kreide und zeichnet eine Linie auf den Tisch: Das Leben ist derart … nutzlos!

«Jetzt weiß ich endlich, was ich tun will. Etwas, das genau dem entspricht, was ich fühle, etwas Wahres. Etwas erschreckend Wahres und ‹useless›.»

Er brüllt durchs Cabaret.

«Wer will wie ich nutzlos sein? … Du?… Du?»

Er zeigt auf den ersten eingefangenen Blick, und plötzlich ist er außer sich vor Freude: Das Lachen, die Eiswürfel in den Gläsern, die verschobenen Stühle, die kaputten Klaviere, die Fluten von Alkohol, die schiefen Hüte, die zeigerlosen Uhren, der Lärm, das Parkett, die Lüster, die Hocker, alles nimmt die Gestalt eines Fests an ... eines nutzlosen Festes genau genommen: Dies wird seine Tonart werden, die Ewigkeit eines jeglichen Tags. Eine armselige Strohbarrikade, errichtet gegen die Ungeheuer der Verzweiflung.

Die Nacht ist das Reich der Beunruhigung. Sie ist da, fühlbar, wie ein Glas Whisky im Bauch. Die Erinnerungen strömen unaufhörlich auf ihn ein. Bei diesem Ragtime-Radau kann man unmöglich schlafen. Offenbar gibt es nur noch dich und mich, sagt Erik zu seinem Bett. Ein Laken, eine Decke, bis zum Kinn gezogen, den Nacken ins Kopfkissen gebettet: Das nennt man einen wahren Freund, einen wahren Bruder. *Ich widere mich selbst immer mehr an, denn ich sehe wohl, dass ich kein Kind meiner Zeit bin – einer Zeit, mit der ich mich einfach nicht abfinden kann, und wenn ich mich noch so bemühe.*

Dabei ist das die *Belle Epoque*. Die halbe Welt hatte vorausgesagt, dass sie schön, groß und verrückt sein würde. Alles wurde neu erfunden, selbst die reglose Bewegung. Es gab Anlass zur Begeisterung. Das Feiern war Gewissheit. Ohne Rücksicht auf Verluste hieß die Parole: vorwärts, immer nur vorwärts. Kein Risiko, keine noch so hohe Geschwindigkeit scheuen.

Am Freitag, den sechsten Juli waren mehrere der Anwohner der Avenue Motte-Piquet dem rollenden

Gehsteig verfallen. Von acht Uhr morgens bis zehn Uhr abends wohnten die Anwohner dem unnatürlichen Anblick einer Menge bei, die sich fortbewegte, ohne zu gehen: Es ist unvorstellbar, unerhört. Ganz abgesehen von dem Lärm, dem Staub, dem Öl, das auf die Passanten rieselt. Der Fahrsteig verläuft auf der Höhe des ersten Stockwerks der Häuser, vor den Fenstern rollt die Menge vorbei, ohne zu gehen. Sie lässt sich gehen. Es ist überwältigend, unbeschreiblich, fröhlich. Satie hingegen tritt auf der Stelle. Statt der Freude und der Zukunft entgegenzublicken, krallt er sich an die Vergangenheit, denkt an seine Schulzeit zurück. An die Rue du Faubourg-Poissonnière. An seine einstigen Richter. Sie hatten es ja vorausgesagt: *träger Schüler, arbeitet nicht, passabel, mittelmäßig*. Verflucht seien die Richter ... Die Erwachsenen ahnen nicht, wie verletzlich und eifernd man mit dreizehn ist. Sie verwechseln Strenge mit Erziehung, *das tut nicht weh*, sagen sie. Nur in einigen seltenen Fällen. Beispielweise in Saties Fall. Sein Leben ist seitdem ein ewiges Leck, Tropfen für Tropfen sickert durch die Bresche der ersten Demütigungen. In manchen Perioden der Jugend verbirgt sich hinter der Wut und der Provokation lediglich ein tiefes Vertrauen ins Leben. Man glaubt restlos daran. *Dem kleinen Erik Satie* wurde wegen Mittelmäßigkeit das Konservatorium versagt und auf diese Weise wurde aus ihm ein Versager und ein Winzling. Im Übrigen fährt er fort, all jenen, die es wissen, und all jenen, die es nicht wissen, zu beweisen, dass er etwas wert ist ...

Sie haben aus ihm einen Verlierer, einen Verlorenen gemacht. Die ungerechten Demütigungen haben in seinem Kinderherzen solchen Schaden angerichtet, dass sie sein Leben lang weiterwirken, ihn plagen. Sie haben aus ihm einen Verlierer, einen Verlorenen gemacht. Der ewig darum bemüht sein wird, den anderen zu zeigen, dass sie sich getäuscht haben. Die Jahrhundertwende reißt seine Träume mit sich fort. Er ist vierunddreißig Jahre alt, hält sich für stark und unsterblich, aber er wird bald aufgeben. Es ist eine langsame Abwärtsbewegung, die an jenem schwermütigen Tag beginnt, an dem er Claude, aus dem Bedürfnis heraus, zu existieren, den Schlüssel zu seinem Reich aushändigt.

Ich schrieb zu diesem Zeitpunkt den Sohn der Sterne – auf einen Text von Joseph Péladan – *und erklärte Debussy die Notwendigkeit für uns Franzosen, uns aus dem Wagnerismus zu befreien, der meinen natürlichen Neigungen nicht entsprach. Ich merkte an, dass ich keinesfalls Anti-Wagnerianer sei, aber dass wir unsere eigene Musik entwickeln müssten – ohne Sauerkraut, wenn möglich. Warum nicht die Darstellungsmittel eines Claude Monet, Cézanne oder Toulouse-Lautrec nutzen? Warum nicht diese Mittel in die Musik übertragen? Nichts einfacher als das. Schließlich sind es auch Ausdrucksformen. Hier lag die Quelle eines möglichen Aufbruchs, für fruchtbare Experimente und quasi sichere Umsetzungen … Wer konnte ihm Beispiele liefern? Ihm Funde zeigen? Ein Gebiet, das es zu erforschen galt? Erfahrungen mit solchen Unternehmungen bieten? … Wer? … Ich will nicht antworten: Es interessiert mich nicht mehr.*

Um seinen Freund in der Nacht eine Stunde länger bei sich zu behalten, sagt Erik Satie ihm alles über sich: Man musste Wagner unter einer Hintergrundmusik, einer *Musique d'ameublement*, begraben. Augenblickspartituren malen, wie Monet seine Kathedralen. Die Geräusche und das Leben benutzen, den Drang, die ganze Wirklichkeit ringsumher, weil die Musik überall ringsumher war. Er sprach auch über seine Absicht, ein Libretto von Maeterlinck zu vertonen. Er sprach voller Demut darüber und verheimlichte, dass es sich um ein geheimes, atemberaubendes Projekt handelte, an dem er mehr hing als an jedem anderen. Er wollte daraus sein Meisterwerk machen. Er redete und redete, ohne zu bedenken, dass er einem bekannten Mann gegenübersaß, einem Mann, der in der Welt ein und aus ging, einem Mann, dem man noch nie gesagt hatte, dass es unmögliche Dinge gab. Denn im Unterschied zu Erik hatte noch nie jemand zu Debussy gesagt, dass er *passabel* war. Niemand hatte seine Kindheitsfantasien beleidigt, noch seine Fähigkeit, ein schönes Leben zu führen, beeinträchtigt.

Zwei Monate nach dieser Unterhaltung erhielt Claude die Rechte an Maeterlincks Libretto für *Pelléas et Mélisande* und machte sich ans Werk.

Erik ahnte nichts davon. Gewiss, ihm war der dunkle Schauer in Claudes Blick an diesem Abend aufgefallen. Er hatte sich verstanden und zugleich enteignet gefühlt, aber es war zu spät; *mein Alterchen*, wenn du doch geschwiegen hättest, wozu alles hergeben? Wozu alles hergeben? Ist es das bisschen Bewunderung wert, *alles* herzugeben? Nur um dem vorübergehenden Nabel der Welt zu gefallen? ... Wann stirbt man? All dieses ungelebte Leben, das man hinter sich her zerrt, wozu ist das gut? Wo ist die wahre Stätte, der trockene Ort, an dem man die Schuhe ausziehen und ohne Worte in ein wenig Wahrheit eintauchen kann? Wo ist das *Danach*? Wo ist der Hauch, der einem Erleichterung verschafft, wenn der Kopf aufhört, die weitumspannenden Gedanken zu drehen, und treuherzig wird wie ein Hund, ohne Reue, ohne Blick?

KALTE STÜCKE

(Cold Pieces)

13

Satie hatte sich in seinem Wandschrank eingesperrt wie ein Schrubber, der umgekehrt aufgehängt wird und unzählige Male denselben Boden gewischt hat, Gefangener eines winzigen Traums vom Glück, für das in seinen zehn Quadratmetern kein Raum war. Aber der Horizont, der in seinem Schädel vorbeizog, genügte ihm. Er ließ die Landschaften und Atmosphären *inside* aufleben. Sie verlachten ihn und ließen ihn entgleisen. Unendlich. Alles war unterwegs, um auf die andere Seite des Lebens zu fallen. Satie war nur einen Satz vom Wahnsinn entfernt ... ein Schritt und er würde ernsthaft ins Wanken geraten. Eine Stimme, seine Stimmen stiegen in ihm auf, bedrohten ihn und verschwanden wieder, wie eine böse Vorahnung. Kaum erkennbar. *Mit welchem Alter ist es zu spät, um noch jemand zu werden*? Die meiste Zeit lagen seine Gedanken unter einer maßlosen Sonne brach, hinter der schon das Gewitter lauert. *Ab wann ist man tief genug ins Leben vorgedrungen, um es zu vertiefen, neu zu erschaffen, sich zu vergrößern*? Verflixtes Gewitter. Es kann jeden

Moment hereinbrechen, aber noch hält es sich verborgen. Auch Satie.

Die Wahrheit vertraut er einzig seinem Bruder an, Brief für Brief. Das ewige *Hungertuchgenage und meine staubtrockene Westentasche missfallen mir sehr. Das sage ich lieber gleich. Müde und anämisch, wie ich bin, sehe ich das Elend, dieses alte Luder, zusehends größer werden. Mein Geist vernebelt sich immer mehr; ich stehe kurz vor einer Altersschwäche für Jungmänner; damit schlag ich mich ganz gut herum. Das ist mehr, als ich brauche …*

Er fühlt sich mutterseelenallein. Er hat wieder seinen ironischen Ton angenommen, Entsetzen, in das sich Verachtung mischt. Seine Tonart, eine distanzierte Drehung, ein kaltes Lächeln, der Tonfall der schlechten Tage, die sich mit Elend schwarz geschminkt haben. Das Gewitter grollt, attackiert ihn. Satie versucht, ihm die Stirn zu bieten und sich aus dem Staub zu machen, aber das ist schmerzhaft. Zumal heute sein Geburtstag ist.

Er hat den Tag mit Alkohol und Einsamkeit verbracht, im verschlossenen Wandschrank, mit verschlossenem Mund, doch, ach, da ist diese Stimme, diese Stimme … Ich will nicht, dass man mit mir spricht, ich habe Angst, dass man mit mir spricht. Gestern habe ich im Fahrstuhl überall Schnee gesehen, man braucht nicht Ski zu fahren. Ich werde diese Erfahrung nicht wiederholen. Ich habe eine solche Migräne. Eines aber doch: alles Gute zum Geburtstag! Nun ist es raus, von mir zu mir. Ich könnte mir eine Postkarte schicken … Klopf, klopf! Der Briefträger. Wer da? … Ja? … Ich mache auf. Oh, eine Postkarte!

«Sehr geehrter Herr Satie, wir, also Sie und ich, wünschen Ihnen alles Gute zum Geburtstag. Unterzeichnet: ich selbst. Postskriptum: hier wohnt Erik Satie. In dieser schönen Wohnung, die nicht viel größer ist als ein Sack.»

Sie ist sehr gut eingerichtet. Sie ist so klein, dass ich hier wenigstens nicht Gefahr laufe, mich zu verirren. Ich bin von dieser Geburtstagsfeier überwältigt, mein Gott, so viel Barmherzigkeit! Was für ein Fest! So viele Geschenke und Aufmerksamkeiten, Gedanken, wie nett, ich würde mir zu gern einen Rohrpostbrief schicken. Zzzzzzoooooooooommmmm. Klopf, klopf, wer da? Oh, ein Rohrpostbrief! Ich mache auf:

«Mein guter alter ärmlicher Herr und Grandseigneur Rosenkreuzler, ich habe die Ehre und Freude, ihnen mit allen Ehrerbietungen, die Sie verdienen, und ich habe auch die Absicht, jene dazu zu zählen, die Sie nicht verdienen, kurz, ich habe das unsagbare Vergnügen, Ihnen demütig all meine besten Wünsche zu Füßen zu legen, auf dass Sie einen höchst angenehmen und fantastischen Geburtstag mit sich selbst verbringen mögen.»

Ah, danke, danke, so viel Barmherzigkeit! Was für ein Fest! Ach, ich würde mir gern einen winzig kleinen Calva zuschicken, normannischen Schnaps, sehr gut. Kugelschreiber! Na, los, hopp hopp, Kugelschreiber, ich warte! Gut … Ich hätte gern ein Blatt Papier mit zehn mal zwölfeinhalb Millimetern. Sehr gut, ausgezeichnet, ich notiere:

«Ein Glas Calvados: Ex und hopp ein Genuss, und dann Schluss.»

Hier kommt das Glas Calvados, danke, danke, das wäre nicht nötig gewesen, was für ein Fest!!! *Happy birthday sweetie … Oh Mum, you came? …*

Happy birthday sweetie … Oh, was habe ich für ein Glück, was habe ich für ein Glück. Wie gern würde ich die Zunge rausstrecken und den Affen spielen. Vavavavaclava … Jazzzzzzzz! Bambambambambam Claclaclaclaclaclaclac! Oh, Himmel! Stürzt herab! *Cool! Let's celebrate*! Aber … Wie dem auch sei … Ich denke, das genügt. Ich hasse schlechtes Wetter, Leute, die sich anschnauzen, trocknende Wäsche und all diese Kindheitsfetzen, die durch meinen Kopf wirbeln, unter meinem Hut. Ich denke, das genügt. Genug wiedergekäut. Genug Krücken. Stopp, geh nicht weiter. Die Aprikose ist zu orange, ich esse doch nur weiße Lebensmittel.

Er trinkt.

Und während er sich mit voller Geschwindigkeit mitten in der Nacht in den schwindelerregenden Drehwurm des Alkohols begibt, baut ein Ingenieur, der sich der Gefahren des Automobils bewusst ist, die erste per Handgriff bedienbare, mit einer Trommel verbundene Bremse auf Reifen. Nutzlose Bremse, Erik Satie trinkt. Er ist sechsunddreißig Jahre alt, als Claude Debussy am dreißigsten April in der Opéra-Comique die Premiere von *Pelléas et Mélisande* aufführt. Im großen Saal versammelt sich die ganze intellektuelle Avantgarde aus jung gebliebenen kahlköpfigen Greisen und gealterten Jungen mit langen Haaren, dreifach geknoteten Krawatten und Botticelli-gleichen Frauen. Die Weihe findet noch am selben Abend statt.

In der Zeitung *Le Temps* schreibt Pierre Lalo: «*Die Oper war ein Werk von einzigartiger Neuheit und Schönheit. Sie wurde selbstverständlich mit Erstaunen, Empörung, Gelächter und Feindseligkeit aufgenommen.*» Henri Bauër, Fachmann beim *Figaro*, spricht von einer «*höchst raffinierten Partitur, von einer zarten und verfeinerten Seele, von höchster Sensibilität*», Jean Marnold schreibt im *Mercure:* «*Das Drama wird von einer Musik umhüllt wie von einer Atmosphäre, die aus ihm selbst hervorgegangen wäre, es hat in keiner Weise Schaden genommen.*» Jene, denen es nicht gefällt, werfen dem Werk vor, weder eine Melodie noch einen Rhythmus, noch eine thematische Entwicklung zu haben, kurz: Es mangle ihm an Gestalt. Für einige ist «*diese chaotische Folge von Gemurmel*» sogar unerträglich.

Diese chaotische Folge von Gemurmel …

Das war Saties Traum. Sein Traum von Musik. Ab sofort aus seinem Kalender gestrichen. Diese chaotische Folge von Gemurmel … Seit jeher tanzt sie durch seinen Kopf. Heute ist er *erledigt, er muss woanders suchen, in dieser Richtung gibt es nichts mehr zu finden.* Satie flüchtet in ein entgeistertes Schweigen. In ein krankes, ängstliches Schweigen. Oder hat sich das Schweigen in ihn geflüchtet?

Ein Schweigen, das zehn Jahre andauern sollte.

Unmöglich, etwas zu schaffen.

14

Der «Denker» von Rodin wirkt ziemlich unglücklich, ziemlich ernüchtert, ziemlich traurig, wenn der große Künstler mich gebeten hätte, für sein Werk zu posieren, dann hätte er ein Ensemble aus Verzweiflung und Not geschaffen, das mein Phonometrographen-Elend über Jahrhunderte hinweg für die Ewigkeit festgehalten hätte. Von diesem dreißigsten April an betrachtet sich Satie nicht mehr als Musiker, *glaubt er*, er ist nur noch Beobachter der Klänge. Damit hat er sich abgefunden. Er will sich häuten, sein Leben ändern. Er tauscht seinen Wandschrank gegen einen anderen Wandschrank. Da man ihn aus der Gesellschaft ausgeschlossen hat, zieht er sich in die Banlieue zurück. Fern vom Erfolg des anderen und seiner eigenen Niederlage. So beginnt die langsame, endgültige Abwärtsbewegung seines Lebens.

Die Ausübung der Kunst zwingt uns, in völliger Entsagung zu leben, schreibt er, *so habe ich Gefallen an der Misanthropie gefunden, die Hypochondrie kultiviert und bin der schwermütigste aller Menschen geworden.*

Der schwermütigste und rätselhafteste. Niemand mehr sollte je seine Wohnung betreten. Da er die Orte nach seinem inneren Klima auswählt, kann man sich fragen, ob er nicht in seinem Kopf haust. Dieses Mal sucht er sich einen trostlosen Ort in der Banlieue von Arcueuil aus, die aus alten, der Gesundheit abträglichen Häusern besteht. Eine Banlieue, ebenso heruntergekommen wie seine Seele. Ein Ort voller gewundener Gassen, die sich unter einen trostlosen Aquädukt ducken. Eine Banlieue, die er *traurig und trist* findet. Aber er will an der Peripherie leben. Weil er sich peripher findet. Und Satie ist vor allem ein kohärenter Mensch. Die anderen, die ihn für verrückt und exzentrisch halten, haben das nicht verstanden. Jene, die in ihm nur die Abartigkeit des Aberwitzes sehen. In Wahrheit driftet er ab. Er spürt das Nahen des Falls, des Alters, des Wahnsinns. Er braucht ein Versteck. Ein Alibi. Einen Tresor, in den er die Träume stecken kann, die niemals das Tageslicht erblicken werden. Dort öffnet er nicht die Fenster. Öffnet er nicht die Fensterläden. Er seufzt: *Das Leben war für mich so unhaltbar, dass ich beschlossen habe, mich auf meine Ländereien zurückzuziehen und meine Tage in einem Elfenbeinturm zu verbringen oder einem Turm aus welchem (metallischen) Metall auch immer.*

Der Klang der Verlassenheit. Der Klang des kalten Metalls, der Angst und der heftigsten Einsamkeit. Das Metall ist wie er. Ein Körper mit einem besonderen Glanz, ein guter Strom- und Wärmeleiter. Metall ist der Stoff seiner Seele, eine Mischung aus gezwungener Freude und gezwungenem Elend. Heute zieht er mit zwei Freunden um, die erstaunt feststellen, wie wenig Sachen sein Karren enthält. Ihm kommt der Gedanke, sein Klavier zu nehmen und es auf die Straße zu stellen, sich ranzusetzen und «*street show*» zu spielen, einfach so, einen Ragtime in der Menge, unter die Menge gemischt, ganz nackt, im Wind, unterm Regen. *Why not? Möglich, ja, möglich …*

Erik bleibt mit dem Karren stehen. Seine Freunde verstehen nicht, warum: Sie sind nur zwei Meilen von Paris entfernt, verloren auf einer sandigen Straße. Sie sind an einer Fabrik vorbeigekommen, an einer Wäscherei, Kurs auf Arcueil, aber nein, Satie will eine Pause einlegen. Er springt auf den Karren, holt seine Bank hervor: *Music!!!!* Seine beiden Freunde schnappen sich das Klavier, «*eins, zwei, drei, Hauruck*» und … Bam, das Tier knallt Satie krachend vor die Füße wie ein vom Himmel gefallener Flügel, los geht's … Er stürzt sich darauf, «*It's Ca-Ba-Reeeet!*», brüllt er und wippt dabei mit dem Kopf, die linke Hand mit brutalem Anschlag, pampampan, und die Rechte spielt gratis trällernd auf zum Tanz und zu guter Laune. Die andere Hand gerät in Rage. *Rhythmus, Rhythmus!* und packt die traurige Landschaft in ein Chanson wie in einen großen Koffer.

Los! Die Trostlosigkeit ist verschwunden! Schluss mit dem beigen Sand und den Tonnen abgenutzter Mauern! Schluss mit der grauen Erde und den grauen Bäumen, die vom industriellen Fortschritt eingestaubt sind! Schluss mit den Wolkenscheiben, die in den Flüssen verkleben, mit dem schwermütigen Widerschein eines freudlosen Lebens. Schluss mit den Augen voller Kohlenstaub. Mit den Teergesichtern. Den schmutzig gelben verlassenen Fassaden und den Spuren der Müdigkeit, den Schlieren der Langeweile, die die magersüchtige Luft durchziehen. Erik ist da. Er spielt er führt Zwiegespräche er lässt die Dämonen tanzen die Frauen die Bitterkeit, alles ist Alkohol und Chanson, als würde die diebische Nacht den Tag zersprengen. Die Leute bleiben verdutzt stehen, brüskiert, überall ist Musik! Es regnet, es regnet, es grämt und beißt! Und die verschlafenen Körper beginnen zu brabbeln. Hier sind die schmutzigen Hände egal! Schwarze ungewaschene Gedanken und verschwitzte Hosen: Willkommen! «*Ladies and Gentlemen, it's Cabaret!!! Nur für Sie! Das Publikum ist unser einziger Richter.*» ClacClacClac schlägt der Takt in der Rue Cauchy, es tanzt und zuckt, oh, mein Gott, das Elend kann warten, Schwermut: verschoben! Die grüne Stunde hat begonnen, ClacClacClac, die Melodie wird schneller, ein Drehwurm voller Lichter, das Pflaster spielt Kastagnetten und die konsternierten Laternen brechen in Gelächter aus.

Bald kommen die Kinder, die Armen, die Clochards, die Abgewrackten, die Bediensteten, die Herren, die vom Gewerbe, die Händler, die Kunden, die Besoffenen, die Kneipiers, die Postkartenhändler und die Taubenfütterer, alle. Sie kommen. Sie sind da. Die schwarze und die weiße, die gebräunte, apokalyptische Menschheit. Und selbst die untergehende Sonne hat keine Lust mehr, sich schlafen zu legen. Man drängelt speit applaudiert ClacClacClac, das Leben nimmt sich *today seinen freien Tag, today seinen freien Tag, today … seinen freien Tag … today … seinen freien …*

… Tag today … flattern. Und wir schicken den lieben Gott und den Teufel auf die Weide, gemeinsam mit allen, die uns insgeheim beschimpfen. Sehr bukolisch, sehr alkoholisch. Es kommt kein Morgen! Wir steigen aus der Zeit aus, weil wir zusammen sind. Wir haben das Recht zu sein, wer wir wollen, niemand sieht uns an, *nobody*, man kann sich in Anonymität hüllen, wie Mumien, unkenntlich, darunter kannst du endlich du selbst sein, «*Music!*», es ist wunderbar,

WIR WOLLEN MENSCHEN OHNE MORGEN BLEIBEN!!!! brüllt Satie,

die Arme gen Himmel gereckt, kreiselnder Ragtime, völlig unter Strom, ein Fanatiker der Bewegung, von einem endlosen Fluss fortgeschwemmt, wie an unsichtbaren Schnüren zu unsichtbaren, noch nicht gestorbenen Träumen gezerrt! Wir leben an allen vier Enden der Welt unter demselben Himmel! Wir stehen alle auf demselben Ball, ganz gleich, ob mit dem Kopf oder den Füßen nach oben, selber Planet! Und wir tanzen *in the street*, weniger groß kann man nicht sein, unmöglich. Alle Welt ist überfordert. Das gesamte Jahrhundert dringt in unsere Lungen und die Geschichte der Welt verwäscht im Regen,

WIR WOLLEN MENSCHEN OHNE MORGEN BLEIBEN!!!!

brüllt die Menge mit Erik, die Arme zu einer Ewigkeit ausgestreckt, der Regen als Kontrapunkt, *ClacClacClac* Monsieur Erik entfesselt, die rechte Hand pfeift ein ruhiges Lied, allein auf der Welt und ohne Morgen. Eine Stunde später legt er eine Pause ein. Und verschwindet jäh in der Dunkelheit.

15

Erik wohnt in der Maison aux Quatre Cheminées. Er lauscht der chaotischen Folge von Gemurmel, das am Ende von seiner Entsagung erzählen wird. In Arcueil werden die Stunden langsamer. Sie schleppen sich dahin. Die Tage und Nächte haben den Geschmack des Wahnsinns. Er ist allein. Vollkommen allein. Vollkommen hässlich, manisch, repetitiv, winzig, seltsam, *back in the box*. Fernab vom Lärm, von seinem Brotjob, den er für eine *«verfluchte Schweinerei»* hält, er hat noch ein wenig Vorsprung. Sich aus der Welt zu stehlen ist manchmal der beste Weg, um ihren wahren Puls zu spüren. Denn je einsamer er ist, desto besser kann er den Morgen erfinden. Scheinbar ist morgen ein anderer Abend, ein anderer Abend, den es durchzustehen gilt, *langsam und schmerzerfüllt*, noch mehr Bier, Verfolgungswahn, Angst, Unverständnis, Empörung … *Hier wohnt Erik Satie*: am Rande des Wahnsinns.

Dieses Zimmer in Arcueil wird zu einem Kalten Zimmer, das einen in die Flucht jagt und schief tanzt.

Pièces Froides. Verriegelte Zimmer. Den Inhalt wird man erst dreiundzwanzig Jahre später entdecken, bei seinem Tod.

Auf ganz sonderbare Weise (in a very unusual manner).
Gehorchen (obey).
Vollständig (altogether)
Hinabsteigen (come down).
Sich niederlassen (settle down).
Sich nicht quälen (don't worry).
Müde (tired).
Wichtig.
Unergründlich (enigmatic).
Zur Seite (aside).
Ganz unten (rock bottom).
Fasziniert (with fascination)
Weiter fort (farther off).
Rein (pure).

Bruder, dein armer Bruder, der arm-teure Mensch, hat seine Zehen in der hintersten Ecke seines Himmels und seines Kopfes stecken. Ihm ist scheißlangweilig, und er spricht lauter, als er kann. Ist es erlaubt, einem Mann eine solche Scheißlangeweile zu bereiten, wie einem Hund? Sag es mir. Wenn es erlaubt ist, ist es eine schändlichere Schande als alle Schanden zusammengenommen. Verdammte Scheißwelt! Dass es so etwas unter der Sonne gibt! Ich hab keine Pantoffeln mehr für die Füße, meine Wäsche stinkt erbärmlich: Ich bin dazu gezwungen – verflixter Zwang –, meine

Taschentücher selbst zu waschen. Du kannst Dir ja vorstellen, was das heißt. Es lebe die Schmutzwäsche! Nieder mit der Sauberkeit!

Paris ändert sich, Paris besteht fort. Frivol, dumm und unentschlossen. Die Hauptstadt nimmt Fahrt auf: Sie reiht die Toten und Gedenktage aneinander wie Feuerwerke. Man muss leben, das Leben verbrennen. Sich vergnügen, ungeniert. Am Samstag, den einunddreißigsten Mai 1903 wird ein Hutwettbewerb für Pferde organisiert: Unter den zweihundert Modellen werden ein Hut aus Binsen mit einem Belüftungssystem und ein Korkhelm prämiert. Im Juli dieses Jahres herrschen dreiunddreißig Grad, also geht man in der Seine schwimmen.

Ich widere mich selbst immer mehr an, denn ich sehe wohl, dass ich kein Kind meiner Zeit bin – einer Zeit, mit der ich mich einfach nicht abfinden kann, und wenn ich mich noch so bemühe.

In diesem Monat August haben die Behörden eine echte Kopfnuss zu knacken: Ein gewisser Bidault, der wegen Mordes an einem Gärtner zum Tode verurteilt wurde, soll in der Hauptstadt hingerichtet werden, aber man weiß nicht, wo man ihn guillotinieren soll. Das Gefängnis von La Roquette ist zerstört, früher hat man hier die Veuve aufgebaut. Man sucht nach einer Lösung. Die Place Saint-Jacques wird in Betracht gezogen, aber die Anwohner protestieren: Sie wollen das nicht sehen. Es wird darüber beratschlagt, ob man eine Tür in die Mauern des Gefängnisses de la Santé schlagen und den Verurteilten auf der Straße hinrichten soll, aber die Leute wollen das nicht sehen. Der Verurteilte ist lästig. Schließlich verschiebt Loubet die Lösung auf später und begnadigt Bidault.

Ich langweile mich vor Kummer zu Tode, alles, was ich schüchtern anpacke, misslingt mir mit einer Kühnheit, die ich bis zu diesem Tag noch nicht kannte. Was soll ich tun, wenn nicht mich Gott zuwenden und mit dem Finger auf ihn zeigen? Ich habe allmählich den Verdacht, dass die Blödheit dieses alten Mannes seine Macht noch übersteigt.

Der Tod ist lästig. Er gibt keinen Platz für ihn in diesem Jahrhundert. Die Stadt wimmelt von Leuten, der Verkehr muss fließen. Also wird die Omnibus-Linie «Hôtel de Ville – Porte Maillot» eingestellt und durch die Metro ersetzt. Seit Jahren beklagt man sich über diesen Bus. Er ist gelb, er ist hässlich, und seine beiden Pferde scheinen ihre Seele auszuhauchen, wenn sie die Champs-Élysées hinaufsteigen, er braucht eine Stunde, der Kutscher ist unehrlich ... kurz, nach zweiundvierzig Jahren Betrieb wird sein Ende als Befreiung gefeiert. Außerdem duldet man bestimmte Erscheinungen der Vergangenheit nicht mehr: Man geht mit der Zeit, man wirft alles fort, was aus der Mode gekommen ist, alles, was unbequem ist. Die Leute wollen nicht mehr eingezwängt werden. In diesem Herbst sind helle Kleider elegant, die mit einer

Stola aus Fuchs oder Hermelin gewärmt werden; die Hüte sind mit Blumen oder Federn in sanften Tönen geschmückt; die Mäntel haben die Form von Capes.

Ich muss allmählich davon ausgehen, dass der liebe Gott ein ausgemachtes Schwein ist. Seine angebliche Barmherzigkeit steckt er sich ganz offenbar sonst wo hin und holt sie nur zu den seltensten Anlässen hervor. Soll ich dir mal etwas sagen? Das wird ihm kein Glück bringen, und es sollte mich nicht wundern, wenn man ihm seinen Rang streitig machen will.

Im September gegen neun Uhr dreißig stirbt Émile Zola mit zweiundsechzig Jahren, nach einem Wochenende auf dem Land. Man findet ihn reglos auf seinem Bett ausgestreckt in der Rue de Bruxelles 21 bis. Die Nahestehenden raunen etwas von Selbstmord, aber man darf die Öffentlichkeit nicht verunsichern: In diesem Zeitalter des beschleunigten Glücks würde doch niemand den Spielverderber spielen, indem er sich selbst den Tod gibt. Die Verzweiflung muss vor den Toren von Paris bleiben, das Leben ist ein einziges großes Fest. Ein verpflichtendes offizielles Fest. Zu dieser Zeit kommt Charles Heudebert auf die Idee, altbackenes Weißbrot in Scheiben zu schneiden und aufzubacken: Er erfindet den Zwieback, und Satie nagt am Hungertuch.

Aber er lässt die Arme nicht hängen. Um den Abstand zwischen seinen zu seltenen Mahlzeiten zu verringern, schreibt er sich selbst *Trois morceaux en forme de poire - Drei birnenförmige Stücke.* Das genügt zwar nicht, aber immerhin. Es erlaubt ihm, bis Oktober durchzuhalten und nicht vor Hunger verrückt zu werden. Der Wahnsinn grassiert. Man macht sich Sorgen wegen eines Wettbewerbs, der in ein Drama auszuarten droht. Am vierundzwanzigsten Oktober bietet *Le Journal* demjenigen fünfzigtausend Francs, der die richtige Antwort auf folgende Frage findet: Wie viele Weizenkörner befinden sich in einer Einliterflasche, die zu dreiundzwanzig Zentimeter gefüllt ist? Mehrere Personen stürzen sich in die Lösungssuche. Am Ende kommen zwei von ihnen in die Irrenanstalt, weil sie über dem Zählen der Körner irre geworden sind. Aber keine Sorge, Weihnachten naht. Dieses Jahr wird das für alle wundervoll werden, es ist offiziell!! Aber in diesem Jahr haucht Monsieur Satie Vater am Tag vor Weihnachten, in Saint-Germain-en-Laye, seine Seele und sein Herz aus, als man gerade das Familienessen vorbereiten wollte. Er stirbt um zweiundzwanzig Uhr abends. Es ist offiziell. Erik ist Waise. Zum Trost erhält er von der Verwertungsgesellschaft SACEM die stolze Summe von dreiundsiebzig Centimes für Aufführungsrechte.

16

Ich liebe mich nicht, denkt Erik bei sich. Das ist der Grund. Dann schenkt er sich einen Schluck weißen Bordeaux nach und zerschneidet sein Kotelett.

«Diese Eier! Diese Koteletts!»

In der fünften Etage der Rue Cardinet, in Claudes Küche, scheint die Stadt verschwunden zu sein. Ihre Gerüche, ihr lautes Gestikulieren, ihre unterirdischen Bauten … *vanished*. Die urbane Welt hält sich schüchtern in den unteren Etagen auf.

«Wir sind fern von den ‹Mumifizierten› und anderen alten Knochen, diesen Geißeln der Menschheit und der Armut.»

Debussy betrachtet die unglückliche Miene seines Freundes. Erik ist in eine neue Verkleidung geschlüpft. Er hat seinen «Look Chat Noir» eingetauscht gegen einen Buchhalteranzug, der ihm ein sonderbares Aussehen verleiht. Melone. Kneifer.

Schwarzer Überzieher. Dunkles Sakko. Enge Hose. Makellose Gamaschen. Und als i-Tüpfelchen: einen Regenschirm, den er vor Regen schützt, damit er nicht nass wird. Das Ganze absichtlich nicht in seiner Größe. Ganz bewusst. Erik sieht aus wie der Direktor eines Bestattungsinstituts. Ihm ist daran gelegen, eine Provokation auf zwei Beinen zu sein, jeglichen Konformismus und jegliche Bürgerlichkeit herauszufordern. Er ist in die Erscheinung ehrerbietiger Anständigkeit geschlüpft, aber diese Ehrerbietung ist die Kehrseite seines ständigen *Ihr könnt mich mal!* Also das ja, er hat sein Aussehen gründlich verändert. Aber für jene, die ihn kennen, ist das nur das Zeichen, dass unter der Last der Wut und der Kälte etwas zerbrochen ist. Dieses Mal ist etwas entgleist. Bei dem Versuch, sich selbst treu zu bleiben, hat er sich entzweit. Er entspricht nicht mehr sich selbst. Die Traurigkeit macht häufig ein falsches Wesen aus einem, eine Karikatur. Debussy sagt nichts, er beobachtet ihn, den *hageren kurzen Kopf* von Erik: versprochen, heute Abend sprechen wir nicht über den Tod seines Vaters.

An seiner Art, zu schweigen, ohne zu lachen, an seiner Art, zu schnell oder zu große Stücke herunterzuschlucken, um seinen grausamen Hunger zu stillen, an seiner Art, sich in gekünstelter Höflichkeit zu ergehen, erkennt Claude Saties Verzweiflung. Er ist tief ergriffen von diesem Drang, mit Humor und Ernst um sich zu werfen wie ein Schwimmer, der in einen Strudel geraten ist und erschöpft, hilflos um sich schlägt. Versprochen, heute Abend sprechen wir nicht über den Tod seines Vaters.

«Sie wollen, dass ich Mein Guter Claude zu Ihnen sage», sagt Erik und tupft sich höflich das Kinn ab, «ich habe eine große Neuigkeit für Sie. Ich verkünde, dass *M. Erik Satie immer noch derselbe ist; nur ein bisschen blöder, wenn ich so sagen darf.*»

Er lächelt, greift wieder nach der Gabel und streckt sie zur Decke.

«Wir beide werden ein *bewundernswertes Leben des Hauens Bauen Bauens* gehabt haben.»

Plötzlich senkt er die Stimme. Er braucht dieses viele Sprechen, unmöglich, die Wörter zu bezwingen. Das Gewitter *inside* zwingt ihn, das Zimmer mit raschen unvollendeten Sätzen zu füllen, mit nutzlosen künstlichen Wörtern. Er will sich nicht in das Grab seines Vaters graben, sich nicht diesem Ort nähern. Also wechselt er das Thema, *glaubt er.* Er spricht von der Partitur eines *Orchesters wie eines Gemäldes.* Er verwendet ferne Wörter, die von anderen Landschaften oder aus tiefer Verblüffung herrühren. Er wirft Debussy vor, sich an dem festzuhalten, was er über die Musik weiß.

«Ich mag Spezialisten nicht. Sich spezialisieren heißt für mich, seine Welt zu vermindern, und dann ähnelt man den alten Pferden, dabei kenne ich die ganze

Musik, ich habe nur stolz für mich in Anspruch genommen, gegen jede Form von Überraschung gefeit zu sein. In der Musik der Musiker, geben Sie es zu, fühlen Sie sich zu mager und können ihre Seele nicht untermengen.»

Claude lächelt, er erhebt sich, öffnet das Fenster, um die Jahrhunderte von Rauch hinauszulassen, die durch das Zimmer kreisen. Erik setzt zu einem langen Schweigen an, das er in einen stillen Gedanken wickelt, einen Gedanken nur für ihn. Dann lehnt er seinen Blick an die Dächer von Paris, die sich unter dem Himmel ausbreiten wie leere Sessel eines Konzertsaals. In der Ferne lugt die satanische Sonne hervor, *hier ist die Sonne kalt wie der Teufel. Auch der Sonne fehlt es offenbar an Kohle. Das wundert mich nicht bei ihr. Dieser Hochofen!* Aber das hat schon etwas, dieses stille Licht, in dessen Arme der Morgenanbruch fällt, finden Sie nicht?

«Wenn Sie diesem täglichen Märchenspiel des Todes oder der Geburt der Sonne beiwohnen, kam Ihnen da je der Gedanke zu applaudieren?»

Erik seufzt. Claude sagt nichts. Den Calvados kann man in Ruhe, sogar nachdenklich hinunterkippen. Satie lässt sein Gesicht ins Glas fallen. Dieses plötzliche Bedürfnis zu weinen … Lieber würde er sagen: *Oh, was für Koteletts!* und seinen Teller nehmen, um ihn abzuräumen. Claude geht zum Spülstein, setzt sich wieder: Versprochen, heute Abend sprechen wir nicht über den Tod seines Vaters. Erik dankt ihm mit dem Blick. Wenn es Claude nicht gäbe, um sich ein wenig über die Kunst auszutauschen, wäre er vollkommen allein auf der Welt. Die Wahrheit? Die Wahrheit?

«Ich versuche die Musik zu vergessen, weil sie mich am Zuhören hindert», sagt Erik. *«An manchen Sonntagen, wenn Gott milde gestimmt ist, höre ich gar keine Musik.»*

Claude weiß, worauf er hinauswill: Die Sonntage sind, wie die Feiertage, offene Gräber für die Waisen und Junggesellen. Der Sonntag ist ein Familientag. Ein Tag für nichts. Ein Tag, den man gemeinsam verbringt, *bloody sunday* … Früher ging Erik sonntags zu seinem Vater und Conrad. Aber nun ist sein Bruder nach Südfrankreich gezogen und der Vater hat die Segel gestrichen. Dieser Vater ist zum Verzweifeln. Erik fügt hinzu:

«Dieser Tag mag, mit Verlaub, scheißlangweilig sein; er ist dennoch ein Familientag und trägt für den Einsamen, der in der Isolation lebt, tieftraurige Erinnerungen in sich.»

Erik bekommt plötzlich keine Luft mehr. Er atmet nur mit Mühe. Gern würde er ein Fenster öffnen, aber es steht schon offen. Und die nächtlichen Ungeheuer zertrampeln ihm lautlos die Brust. Claude hat keinen Zweifel. Das einzige Indiz ist diese brutale

Kälte auf Saties herabhängenden Lippen. Sein ganzer Mund läuft blau an, wie ein eisiger Kuss. Er fleht sich an, nichts zu sagen. Er beschimpft sich. Er will still sein. Er wiederholt: diese ganze Unschicklichkeit in sich behalten. Dieses Hundeleben in sich behalten. Vertraue nichts an, vertraue nichts an, du darfst Claude nicht enttäuschen, die anderen schon, aber nicht Claude. Also weiterreden, in einem fort weiterreden, schnell das trunkene Schiff besteigen …

«Ich versuche durch die Werke hindurch zu sehen, die zahlreichen Bewegungen, die aus ihnen entstehen und die sie in ihrem Innenleben enthalten; ist es nicht wahnsinnig interessant, dass das Spiel darin besteht, sie wie merkwürdige Uhren auseinanderzunehmen? Hört auf, die Hampelmänner zu öffnen und das Rätsel zu zerstören. Hört auf, die Hampelmänner zu öffnen! Den Bauch der Hampelmänner zu öffnen ist ein Verbrechen gegen die Unergründlichkeit. Doch ach, der Mensch kann nicht umhin, Hampelmänner aufzuschlitzen. Er muss doch seine liebe kleine Mittelmäßigkeit verteidigen.»

Warum spricht er über Hampelmänner? Warum holt er Jack heute Abend aus seiner Schachtel? Sei still! Sei still! Aber die Stimme ist zu mächtig, sie ist stärker als er. Sie geht mit ihm durch, diese Stimme. Erik beißt sich auf die Lippen. Er wartet, bis der Redefluss versiegt ist. Der Wasserpegel steigt, *nicht an den Vater denken, nicht an den Vater denken*, das ist alles, was ihm bleibt, seine letzte Kühnheit, bei Claude einen guten Eindruck hinterlassen und schnell gehen. Aber nichts ist ruhig. Nichts beruhigt sich. Der Alkohol öffnet ihm gewaltsam den Mund. Wie einer verrückt gewordenen Marionette. Im Übrigen spricht er schon seit einer ganzen Weile, ohne es zu merken. Claude versucht seiner Erregung zu folgen. Doch alles ist verworren.

«… das Grollen der Stadt und die Milliarden zusammenhangloser Gesprächsfetzen, die man im Vorübergehen aufschnappt. Wie kann man seinen Himmel ohne Risiko öffnen? Hm? Ich kann Conrad nicht einmal mehr um Geld bitten, er ist verärgert, er antwortet nicht mehr auf meine Rohrpostbriefe. So. Meine große Freundin ist zurück, das kann ich dir sagen, Madame Frustration: *Lebwohl, Tag, lebwohl!* Ich bin völlig klamm. Zum Glück guckt niemand so genau hin. Was das für einen Schaden anrichten würde … Man müsste alles zerstören und dann von vorn beginnen. Die Tonleiter hinaufsteigen, ohne Daumen. Wenn es nur bald kalt wird. In Honfleur gibt es das Haus nicht mehr.»

Erik hält inne, sonst würde er hinzufügen: Auch Papa gibt es nicht mehr. Und da steigt die Flut wieder hoch. Wolkig. Vom Mond angezogen. Die Flut steigt auf der gestrigen Tastatur hoch. Die Angst klingt so verdrossen, dass sie auf der ganzen Erde von ihrer Kindheit erzählt: Papa ist tot. Die Stimme versinkt im Meer, die letzte Fracht des Maklers auf diesen Gewässern, sie spricht mit den Fischen. *Lebewohl, Tag, lebewohl*. Er lässt sich in die Nacht einsinken, vom Horizont verschlungen. Sein ganzes dunkles Licht breitet sich aus und sinkt auf den Grund, *lebewohl Papa, Tag, lebewohl*. Keine Wiederholung, keine Haltung, er verschwindet. Jene, die zurückbleiben, sind wie versteinert. Conrad wirkt versteinert. Ich begleite *daddy* heute Abend, *piano piano*, ist es denn so schlimm?

Ist es denn so schlimm?
Wenn man allein ist, sind sich alle anderen ähnlich.
Ist es denn so schlimm?
Der Tag bricht an.

Erik spricht mit einer *unerschütterlichen Kälte*, bemerkt Claude, *friss oder wirf es aus dem Fenster*. Es folgt *ein langes Schweigen, in dem er nur für die lange Rauchsäule seiner Zigarre zu leben scheint, deren blauer Spirale er mit den Blicken folgt und in der er sonderbare Verrenkungen zu erblicken scheint*. Ein erschreckendes Schweigen. Debussy trinkt seine Worte, er ist zu interessiert, während Erik auf den Himmel zeigt.

«Die Musiker hören nur die Musik, die von geschickten Händen geschrieben wurde, niemals die, die der Natur innewohnt. Den Tag anbrechen zu sehen ist nützlicher, als die Pastorale zu hören. Wozu ist eure fast unverständliche Kunst gut? Man muss den alten Staub der Traditionen abklopfen. Eine sehr schöne im Entstehen begriffene Idee enthält für

einen Volltrottel viel Lächerliches. Ich bin in ihren Augen lächerlich und werde es bleiben. *Haben Sie die Feindseligkeit des Publikums im Konzertsaal bemerkt? Haben Sie sich die vor Langeweile, Gleichgültigkeit oder sogar Dummheit ergrauten Gesichter angesehen? Diese Leute wirken stets wie mehr oder weniger gut erzogene Gäste; dass sie nicht eher gehen, liegt nur daran, dass sie sich am Ausgang zeigen wollen: Warum wären sie sonst gekommen?* Hm? *Hören Sie auf niemandes Ratschlag, es sei denn den vom Wind, der uns die Geschichte der Welt erzählt. Ich bin neununddreißig Jahre alt, mein teurer Claude, es ist ein bisschen zu spät, aber was soll's, ich habe vor, mich bei der Schola Cantorum vorzustellen.*

Claude springt auf. Soll das ein Scherz sein? Nein. Satie scherzt nicht. Er will allen Ernstes sein Studium wieder aufnehmen. Im Übrigen gießt er sich noch ein wenig Wein ins Glas, putzt seinen Kneifer eines zukünftigen Schülers und seufzt.

«Ich bin es leid, mir meine Unwissenheit vorwerfen zu lassen, die ich allmählich selbst zu haben glaube, da kompetente Personen mich in meinen Werken immer wieder darauf stoßen. Wissen Sie, ich wurde in meinem armseligen Leben so manches Mal zusammengestaucht, aber ich wurde nie so verachtet.»

Debussy schwankt hin und her zwischen Bewunderung und Süffisanz. Er hat keine Zeit zu antworten, weil Satie plötzlich aufsteht und fortgeht.

Verschwindet. Claude hört noch lange das Geräusch seiner Schritte *leiser werden, Stockwerk für Stockwerk, leiser, langsamer, langsamer, leiser, langsamer, leiser, langsamer* … wie seine Sarabanden.

UNANGENEHME EINBLICKE

17

Ziemlich langsam. Ziemlich langsam. Sehr verbunden und schwermütig. Sehr. Leicht aber kräftig. Langsamer. Von vorn. Breiter. Zurückhaltend, bitte. Langsamer. Hervortretend. Langsamer. Langsamer. Sehr verbunden. Von vorn. Besonders. Zurückhaltend, bitte. Langsamer. Verlangsamend. Mit weitem Blick. Nicht umblättern. Sehr gesungen. Besser. Noch besser. Kratzen. Mit weitem Blick. Nicht umblättern. Positiv. Kratzen. Fuge. Nicht schnell. Lächeln. Seitdem. Hervortretend. Nicht schnell. Mit Vergnügen. Natürlich. Gerade. Sichtbar. Nehmen Sie. Notwendigerweise. Ohne Bosheit. Aus dem Winkel. Singen. Viel. Nicht sprechen. Präziös. Sehen Sie hin. Wahrhaftig. Zurückhaltend. Edel. Abwarten. Sagen. Crescendo. Allein. Gegenüber. Zurückhaltend. Edel.

Da man sich nun einmal zerstören muss, wollen wir keine weitere Zeit verlieren. Tauchen wir ein in den Absinth und die Illusion. *Let's die,* in aller Ruhe, in einem Daunenbett von Bitterkeit. Mit Glubschaugen wie Frösche und innerem Schwindel.

Heute Morgen pfeift Satie, als er das Café betritt. Er hat eine gepflegte Erscheinung, ein Zeichen, dass er sich immer häufiger fehl am Platz fühlt. Seine Entspanntheit steht ihm schlecht. Es geht ihm schlecht. Aber jeden Morgen geht er aus, egal welche Überwindung es ihn kostet. Eine Frage des Überlebens. Des Beweises, dass er kein konturloses Gespenst ist. Er ist noch lebendig und sichtbar.

Was für ein Mummenschanz, immer so zu tun als ob … *Es ist entsetzlich, ich frage mich, was ich hier tue, während ich den Gesprächen der anderen lausche und sie um ihr Leben beneide, um ihr Leben, das nicht größer ist als meines …*

Heute Morgen ist ein anderer Satie im Café aufgekreuzt, hat sich auf die Terrasse gepflanzt, eine Tageszeitung aufgeschlagen und die anderen beobachtet. Gestern Abend hat der neue Satie die Tür zum Chat Noir aufgestoßen: Rodolphe Salis, es ist vorbei. Vorbei mit dem Clown-Spielen, mit den Erniedrigungen vor Leuten, die man angeblich treffen muss und die einen keines Blickes würdigen. Man kann unmöglich Anwärter bei den Schönen Künsten und zugleich Schnorrer in einem Caf Conc sein. Diese beiden Dinge sind unvereinbar geworden. Und ehrlich gesagt hat Erik auch die Nase voll, sich in eine Ecke des schalltoten Saals zu hocken, in ein unernstes Licht, hinter eine Sonntagssängerin, um für die Hintergrundatmosphäre zu sorgen! Er ist kein Hampelmann, und Rodolphe ist eine Nervensäge. Pfeif auf die Halbtagsarbeit und das Geld, hinter dem Geld läuft er bestimmt nicht her, seine Anwesenheit ist eine Last ohne Gewicht. Aber arbeitslos ist er doch ...

Ich bin zu so vielem fähig, aber ...

Als er sein offizielles, von der «Mairie de Paris» anerkanntes Diplom als Komponist von der Schola Cantorum in den Händen hält, ist Erik Satie zweiundvierzig Jahre alt. Er hat geglaubt, dies würde der schönste Tag seines Lebens. Doch es ist im Gegenteil sein nichtigster Tag. Anstatt ihn mit Stolz zu erfüllen, vernichtet ihn dieses Stück Papier. Es bestätigt nur, was man ohnehin schon über ihn denkt, ja schlimmer noch: Jetzt findet man ihn flach, akademisch, fantasielos, kilometerweit von sich selbst entfernt. Es ist eine Katastrophe: Die Illusion, in der er Zuflucht gesucht hat, ist im Flug explodiert. Er muss sich eingestehen, dass er in die Falle getappt ist. Dieses Diplom wird ihm weder mehr Anerkennung noch mehr Respekt eintragen. Er wird dadurch nicht automatisch zu einem natürlichen Mitglied der akademischen Familie. Drei Jahre seines Lebens hat er vergeudet. Er hat sich bewiesen, dass alle Beweise, die er sammeln wollte, niemals irgendetwas beweisen werden. Statt einer Geburtsurkunde ist sein Diplom ein Totenschein. Es ist brutal. Denn nun ist er nicht mehr der herausragende und diplomierte Komponist, sondern nur der alte zweiundvierzigjährige Satie, der sich darauf verstiegen hat, noch einmal zur Schule zu gehen. Mit einem Wort:

Der kleine Erik Satie ist ins Leben zurückgekehrt. Unverrichteter Dinge. Mit seiner Farblosen-Krankheit. Die unentschlossene Revanche eines Kindes für seine Kindheit war ein unrealistisches Ziel. Satie ist noch entmutigter als alle Male zuvor. Nun hat er die Gewissheit, dass er weiter nichts ist als ein einfallsloser Kabarett-Schnorrer, ein Arrangeur von bekannten Liedern.

Nun, da diese Illusion, die seiner Verzweiflung als Schutzwall diente, zusammengebrochen ist, kann er sich nicht mehr schützen. Der Mikrokosmos der Kritiker macht sich über ihn lustig und hält den *Sohn der Sterne* in seiner kleinen Keksschachtel gefangen ... Dieses Mal ist es ernst; Satie glaubt ihnen und gibt ihnen Recht. Bei dem Lanzenstechen, das der Kritiker Willy in seiner Zeitung gegen ihn eröffnet, wurde Satie ernsthaft verwundet. Es ist kein Spiel mehr, es ist eine Tötung. Erik wird als *mystischer Hanswurst* beschimpft, als *unterwürfiger Akademiker-Grünschnabel, als Ex-Pianist im Erdgeschoss des Chat Noir,* als *mystische Filzlaus,* als *Musikluftikus,* als *esoterischer Schmutzfink,* als *Wasserhahnverkäufer ...* Satie hat keine Kraft mehr, gegen die eigene Legende anzukämpfen. Er hat sich mit dieser Fassadenidentität identifiziert.

Oh, dieses Zimmer im Winter.

Satie ist verwundet. All seine Energie steckt er in den Versuch, sich unbezwingbar zu machen. Er zweifelt.

Er ist in seinen Sumpf zurückgefallen. Noch einmal muss er den Dreck abklopfen, sich trocknen, warten, den Matsch abspülen, trocken zurückkehren, wieder aufstehen, sich mit Gewissheiten vollsaugen, die Angst verscheuchen ... Der Aufwand, den er betreibt, um an die Oberfläche der Welt zurückzugelangen, zermürbt ihn. Um zu überleben, bleibt ihm nur noch die Option, krank zu werden. Den Toten zu spielen. Fortgerafft von einer ermüdenden Existenz. Er ist paranoid geworden. Die Nacht hat ihn vermindert.

Seit gut zwei Wochen wagt er nicht mehr zu sprechen oder auszugehen. Noch sich höflich zu geben. Er fühlt sich wie ein winziger Krebs ohne Hintergedanken. Müde. In die Falle getappt, außerstande, vorwärts oder rückwärts zu gehen, nicht mal seitwärts, *also gut, hierbleiben, an Ort und Stelle, reglos, langsam, um todtraurig zu sterben*, in Ordnung. Er macht niemandem mehr auf. *Ich bin nicht da ich bin nicht da ich bin ein ganz kleiner Krebs dem man die Grammatik und einen Großteil seines Verstands geraubt hat, ich verwickle alles zu Problemen, die nicht existieren und doch unlösbar sind, Probleme, die nur für mich da sind, ich bin beschäftigt busy ich wickle mir ein Knäuel aus Problemen und Ressentiments keine Zeit für das wahre Leben kommen Sie später wieder vorbei!* So sehr hat er sich in seine Krebswut versponnen und mit seiner eigenen Unerbittlichkeit in die Wolle gekriegt, dass er gefangen ist, *locked*. Wenn man nichts mehr wünscht, ist man nicht mehr enttäuscht. Man riskiert nichts. Man ist schließlich nicht gleich tot, nur weil man nicht leben möchte …

18

20. Juli: Mein guter alter Claude, Monsieur Erik Satie fragt höflichst nach dem werten Befinden. Der vierzehnte Juli? Monsieur Erik Satie findet ihn banal, nahezu vulgär. Reden wir nicht über die Vergangenheit.

Der Sommer ist schrecklich. Es herrscht eine Gluthitze. Satie spürt, dass er sterben wird. Er ist mit der Gesellschaft unvereinbar, das ist alles. Die Metro-Mahlzeit-Unterhaltungen, die immer gleichen Bemerkungen über die stickige Luft und den Lärm, das Kommen und Gehen von Eltern auf den Café-Terrassen, die ihre Kinder so ungeniert gewähren lassen, dass man plötzlich den Eindruck hat, bei ihnen zu Hause zu sitzen! Erik erträgt das alles nicht. Er ist über dieses Standard-Benehmen entsetzt. Alles klingt für ihn wie ein Affront angesichts der unzähligen Stunden, die er damit verbringt, einen unerhörten Akkord zu finden. Als würden sie sich allesamt, wie sie dort sitzen, über ihn lustig machen: Wir sind die Masse und du bist nichts nütze. Keiner kennt dich. Deine Wirklichkeit und deine Musik haben keinerlei Bedeutung. Die Wirklichkeit ist, was wir heute Abend essen, wie wir unseren Urlaub verbringen oder früh zu Bett gehen.

Urlaub ... in seinem ganzen verdammten Leben hat Erik keinen Urlaub genommen. Abgesehen von ein paar Abstechern von Paris nach Honfleur, in den Sommern der Kindheit. Wozu in der Sonne herumschlendern und sich über das Wetter freuen. Er löst sich nicht mehr von der Misere, die sich auch von ihm nicht mehr löst. Schließlich ist sie seine längste Liebesaffäre. Hand in Hand, fest umklammert. Sie beruhigt ihn. Letztlich erlaubt sie ihm, frei zu leben. Sie stellt ihm die existenzielle Frage: Wer erzählt sich hier wirklich Geschichten? Jene paar Künstler, die dem Tempo hinterherhängen, oder jene, die heiter in ein Leben vordringen, das sie hinnehmen? Wie soll man die Zwänge des allgemeinen Lebens hinnehmen? Hinnehmen. Die Zwänge. Des allgemeinen Lebens.

Wir können alle Zerstreuungen der Welt erfinden – die Kunst, das Automobil, das Telefon –, das Denken erfinden und Bücher daraus machen, wir können an Gott glauben, eine Familie gründen oder einfach ein Gemälde betrachten ... aber was uns verbindet, ist der Gehorsam. Die Grundlage der Menschheit ist der Zwang. Sprechen. Da sein. Hier, nicht woanders. Antworten. Auf die Zeit achten. In Beziehung bleiben. Die komplette Liste aller Zwänge, die in nur zehn Minuten eines Lebens stecken, würde auf die gesamte Welt hochgerechnet zweiunddreißigmal so dick sein wie die Bibel!!!

Bei diesem Gedanken muss Erik lächeln. Er weiß, dass das Volk sich geirrt hat, nicht aber die Werbefachleute. Erik sagt sich, dass man eines Tages die Ethik durch die Kosmetik ersetzen wird. Dann wird es kein Entrinnen mehr aus den Zerstreuungen geben. Wir werden alle auf dieselbe Weise sterben, ertränkt; wir werden die gigantische, unzählbare Masse sein, Reiskörner in einem Tombolasack. Wir werden ALLE sein, aber *alle,* das macht Angst, *alle* ist keine Gesellschaft. Bald, denkt Erik bei sich, wird es nur noch Luxus für alle geben! Privilegien für alle! Errungenschaften für alle, umso besser. Aber es wird eine Illusion sein. Denn nichts wird sich ändern: Es wird immer die Hoffähigen und die anderen geben. Das Glück der Hoffähigen wird die anderen weiter zum Träumen bringen. Es wird den Standardtraum hervorbringen. Den akademischen Traum. Es wird der Sieg des Vergnügens und des Politischen sein. Die Verschuldung der Träumer wird für andere eine unerschöpfliche Rente sein. An dem Tag, an dem die Leute begreifen werden, dass ihr in einer hübschen Bank platzierter hübscher universeller Traum nur virtuell ist, wird die Enttäuschung so groß sein, dass sie es nicht verzeihen werden. Es wird die totale Krise sein. Die Krise der Seelen. Die Krise der Kleinen, der Abgehängten, der Naiven, der Enttäuschten. Es wird keinen Platz mehr für die Einsamen geben. Es wird keinen Platz mehr für die Einsamkeit geben. Herzlich willkommen bei diesem unverdaulichen Karneval. Die Norm wird ihre eigenen Krankheiten hervorbringen.

Mein guter alter Claude, bekamt Ihr den Brief, den Euch am 20. Juli 1903 Monsieur Erik Satie geschrieben? Monsieur Erik Satie frug, ob Ihr irgendwelch Abenteuer, teuer, teuer, zu teuer hattet. Wie Euer wertes Befinden ist. Monsieur Erik Satie ward in den vergangenen Tagen heimgesucht von Qualen eines bös-lästigen Ischiasschmerzes, der ihn zwang, gänzlich gebeugt zu gehen, in der unbequemen Manier der Hühner, und das ließ ihn heftig leiden. Monsieur Erik Satie fragt sich, ob man sich an dieses Leid gewöhnen und daran Gefallen finden kann.

April Mai waren nicht mehr erträglich. Erik hasst den Frühling: den Anblick dieser Haut, die ungeduldig darauf lauert, sich beim ersten Sonnenstrahl zu entblößen ... Und diese sportlichen Herren, die auf ihren Körper stolz sind, geschäftig, und bald nur noch über eines reden: über Urlaub.

Mein guter Claude, wann gedenkt Ihr wieder zurückzukehren? Es muss kalt sein in der Gegend von Bichain. Der Wind weht dort vielleicht frischer als woanders: Auch sollte man dort nicht monatelang ausharren, denn man kann sich dort allerlei arge Übel einfangen, eines boshafter, als an Boshaftigkeit zu haben statthaft ist.

ICH IRRE
ICH SCHWEBE
UND NICHTS KANN MIR
ETWAS ANHABEN

19

Dort in Arcueil sieht einen das ganze Jahrhundert mit seinen Arbeiteraugen an, von Hochöfen überragt. Die breiten Ufer sind ideal, um die Wäsche zu trocknen, weiter unten bleicht man. Man bleicht in einem kloakengleichen Wasser. Für einige heißt die Laken wechseln ein neues Leben beginnen.

Im Sommer ist es heiß in diesem Zimmer. Und im Winter ist es, als würde man draußen leben. Bei sich zu Haus, aber draußen. Je nach Wetterlage und Jahr ist es unerträglich. Satie beschwert sich nicht. Nur Conrad wird ins Vertrauen gezogen. Er ist eine Zuflucht und auch seine Brieftasche. Seit einiger Zeit sind seine Briefe verkappte Hilferufe. Satie bittet ihn um Geld. Um Zuspruch. Vor allem um Geld. Um ein wenig Sicherheit. Die Gewähr, dass er an seiner Seite steht. Ein wenig Geld. Eine beifällige Meinung. Eine Ermutigung. Anerkennung. Etwas, um die nächste Forderung zu begleichen. Ohne Conrad wäre Satie nur ein Vagabund gewesen. Ein Irrer unter anderen Irren, ein Irrender, randvoll mit Ticks und Alkohol, stets klamm und in der Klemme, ohne noch etwas zu schaffen. Ganz sicher wäre er in einem widerlichen Gefängnis geendet, *aber wenigstens ist man dort nicht ganz allein, und es gibt zu essen. Mein armer Alter, könntest Du mir nicht einen kleinen Dienst erweisen und mir bei der nächsten Rechnung ein wenig unter die Arme greifen? Ich war nicht in der Lage, dem Konzert beizuwohnen, bei dem das Präludium aufgeführt wurde, so hundeelend ging es mir.*

In Wahrheit bleibt ihm nicht mehr viel zu essen, abgesehen von ein paar Noten und von durchgrübelten, ausgelutschten Gedanken, Gedanken, die immer wiedergekäut werden, immer dieselben verzehrenden Gedanken, morgens, mittags, abends, *Trois morceaux en forme de poire.*

Wenn er wieder an die Oberfläche schwemmt, will er nicht die Armut, sondern die Fäulnis verbergen, in der er badet. Das schwarze Knäuel seiner irren Ängste. Natürlich ist da der Alkohol. Natürlich ist da die Verbitterung. Natürlich schwimmen noch Überreste seiner zerplatzten Träume an der Oberfläche seines Mundes. Aber in seinem Schädel herrscht Krieg. Was sich dort abspielt, ist unbeschreiblich. Schlimmer als der Weltkrieg, der bald kommen sollte. An dem er im Übrigen nicht teilnahm.

All seine verfluchten, schmählichen und empörten Ideen türmen sich auf wie unsichtbare Opfer. Tote und Tote und Tote, zu Hunderten. Blutige Wut.

Zerfetztes Lächeln. Zum Glück dringt nichts von diesem Schrecken nach außen. Dank seines unveränderten Aufzugs, *möglich, ja, möglich.* Seine immer selbe Silhouette macht aus ihm einen ewigen Chaplin, mit seinem ewigen Kneifer, seinem ewigen Samtanzug, seinem ewigen Regenschirm. Er ist unverwechselbar: identisch, identifizierbar. Inzwischen besitzt er zwölf schwarze Anzüge. Zwölf Mal dasselbe. Einen für jede Stunde seines Lebens. Auf diese Weise glaubt er nicht zu altern, *möglich, ja, möglich.* Man erkennt ihn an der Tatsache, dass seine Erscheinung sich nicht ändert, wohl aber seine Meinung. Er kehrt von Paris nach Arcueil auf dem immer selben Weg zurück, mit dem immer selben Kopf und dem immer selben Rausch. Der immer selbe Erik …

So geschmacklos, wie er gekleidet ist, ahnt niemand das Ausmaß seiner Maßlosigkeit. Der «Satie-Stil» setzt sich durch. Die musikalische *Intelligentsia* findet ihn abartig und sonderbar. Dabei ist Eriks Art, durch die Welt zu gehen, nur ein Widerhall seiner Musik. Er ist ein Kontinent ohne gültigen Reisepass. Eine Barriere ohne Grenze. Er erfindet einen schwindelerregenden Stil, indem er die Taktstriche weglässt. Das ist der *Satie-Stil.*

Kein Urteil, kein Maß, keine Norm kann einem mehr den Weg versperren.

Mit dieser Partitur ohne Notenschlüssel, in der die Taktstriche fehlen, kann Satie uns im Glauben wiegen, dass sie unendlich weitergeht. Dass sie sich ohne Unterlass fortsetzt. Denn an jedem Seitenende soll man an den Anfang zurückkehren. Und von vorn beginnen. Die Sätze fließen verbunden und unverbunden. In einem Atemzug. Wie der Wind und das Leben und der Dreck und der Tod umherwirbeln. Wie das Licht des ganzen Universums, auf einen Schlag. Indem er die Interpunktionszeichen ausradiert, fordert er Gott heraus.

20

Auch die Tage reihen sich endlos und zu lang aneinander. Der Himmel ist gerunzelt. Um ein Stück Helligkeit zu erblicken, muss Erik sich aus dem Fenster lehnen. Dort oben bahnt sich ein Spalt seinen Weg durch die schwarze Masse der Nacht, er zieht sich nach oben, fordert den Himmel heraus, auch der wirkt müde von der Last seiner Helligkeit. Es ist schwer, allein zu sein, wenn man so leicht so leicht ist, dass man fortfliegt.

Ich leide zu sehr. Mir scheint, ich bin verflucht. Dieses «Nassauer»-Leben stößt mich ab. Ich suche und würde gern einen Platz für mich finden – eine Anstellung – so unbedeutend sie auch sei. Die Kunst kann mich mal; ihr verdanke ich diese Ödnis. Das Künstlerdasein ist eine Idiotenarbeit, wenn ich das so sagen darf. Ich schreibe allen. Doch niemand antwortet mir, nicht ein freundschaftliches Wort. Mist! Ich bin am Ende und kann nicht mehr warten. Die Kunst? Seit einem Monat habe ich keine einzige Note geschrieben. Mir sind die Ideen ausgegangen. Na und?

Satie ist *traurig und ratlos*. Seit drei Wochen ist er nicht ausgegangen … *Das Meer ist voll Wasser, daran gibt es nichts zu verstehen*. Er beobachtet, wie der Tag sich neigt und die Feuer zu prasseln beginnen. Nun gut. Für wen hält sich das Feuer eigentlich, dass es splitternackt im Kamin züngelt?! So lange bleiben, bis es erlischt, ist kräftezehrend.

Morgen werde ich mich mit Egoisten aller Couleur verabreden.

Es ist ein Luxus, sich verirren zu können.

Ich nehme an, dass man mich nur selten auf dem Laufenden über meine Unwahrscheinlichkeiten hält. Gut, genug der Vorwürfe für heute, *don't you think*? Es wäre an der Zeit, wieder Vertrauen zu fassen. Es-wäre an der Zeit. Wenn du nichts wagst, dann, dann der Wind auch nicht.

Ihr solltet wissen, dass ich radikal für die Abschaffung der Laternen eintrete. Ich verkünde offiziell: Ich, Erik Satie, habe noch nie einen Laternenuntergang bei Anbruch des Tages über der Stadt gesehen. Ich mag es, wenn die Gassen sich darauf vorbereiten, nicht zu schlafen. *Aber das ist eine andere Geschichte* … Hingegen mag ich nicht die geschniegelten Melodien.

Ich muss morgen einmal bei Cocteau vorbeigehen, um mich in seinem Badezimmer zu rasieren. Seit dem Gewitter ist alles außer Betrieb, *wo ist eigentlich mein Regenschirm*? Wo ist mein Badezimmer?

Mir ist daran gelegen, einen Zwischenfall vom zwölften Dezember zu melden, kurz vor den Weihnachtsfeiertagen: Für alle, die es nicht wissen, es gab in der Schola *eine schwarze Serie. Mehrere Unfälle haben in der emsigen Einrichtung der Rue Saint-Jacques zu Verunsicherungen geführt: In der Gießereiwerkstatt ist ein regelmäßig geprobter kleiner Oktavkanon explodiert und hat die Arbeiter verletzt; am selben Tag hat ein unerfahrener Lehrling einen nicht kippsicheren Kontrapunkt allzu unvorsichtig gehandhabt, woraufhin dieser hochgegangen ist. Zu guter Letzt ist ein Leitmotiv, das ohne ausreichende Prüfung seinen «Führerschein» erlangt hat, mit chaotischem Tempo in ein Scherzo gerast und hat dabei alle Taktstriche niedergerissen. Von einer Fermate gestoppt, wurde es ins Depot geschickt und wird nun wegen Geschwindigkeitsüberschreitung belangt.*

Ein ganzer Tag ist lang.

Vom Morgen bis zum Morgen. Denken. Vom Morgen bis zum nächsten Morgen. Denken. Um die sich einstellende Musik zu überwinden. In das Geräusch einzutreten. In die einfache Symphonie der Gegenstände und Dinge. Durch das Heldentor des Banalen. Die Klänge der Stadt einfangen und sie in eine Keksschachtel stecken. *Alle Welt wird Ihnen sagen, dass ich kein Musiker bin. Glauben Sie nicht, dass mein Werk Musik wäre. Das ist nicht mein Genre: Ich mache, so gut ich kann, in Phonometrie. Nichts anderes. Bin ich etwas anderes als ein Akustikfacharbeiter ohne großes Wissen?* Ich erkläre wie folgt *Saties* Vision der Welt für eröffnet: *Es gilt trotz allem eine musique d'ameublement zu erschaffen, das heißt eine Musik, die Teil der uns umgebenden Geräusche wäre, die sie berücksichtigen würde. Ich halte sie für melodiös, sie besänftigt das Klappern der Messer, der Gabeln, ohne es zu überlagern, ohne sich aufzudrängen. Sie würde die zuweilen schwere Stille zwischen den Essensgästen auskleiden. Sie würde ihnen die üblichen Banalitäten ersparen. Zugleich würde sie die Geräusche der Straße neutralisieren, die sich taktlos ins Spiel bringen.* Eine Möblierungsmusik, zur Gesellschaft, genau daran fehlt es ihm in seinem trostlosen Zimmer. Diesem Zimmer ohne Möbel, ohne Raum, ohne Luft, ohne irgendwen. Musik als treuer Begleiter, die einen ohne Worte versteht.

Die Geräusche zu neutralisieren wird zur Obsession. Satie unterscheidet nicht mehr zwischen dem Chiaro-Scuro-Klirren seiner Gedanken und den Klängen von außen. Alles vermischt sich. Er weiß nicht mehr, ob er laut denkt oder mit leiser Stimme zuhört. Er denkt, dass eine *Melodie ebenso wenig über eine eigene Harmonie verfügt wie eine Landschaft über ihre eigene Farbe. Diese rätselhaften Grenzen, die die Welt der Geräusche von der der Musik trennen, verwischen tendenziell immer mehr. Wann kommt das erste Konzert für zwei verpflichtete Wasserhähne und Orchester? …*

Man könnte meinen, die Pflastersteine würden sich bei seinem Anblick vor Lachen krümmen. Er klatscht Beifall: *Derzeit vollzieht sich an mir eine recht originelle Sache: Man wirft mir vor, ich hätte mich für einen Irren ausgegeben – obwohl ich ebenso vernünftig bin wie Sie und ich …*

Äußeres Anzeichen für den Wahnsinn: Satie wiederholt immer dieselben Motive. Unaufhörlich kehrt und kehrt und kehrt er zurück zu denselben Dingen, mit demselben Groll, ohne etwas Neues zu sagen, kaum mit der kleinsten Variation, der winzigsten Variation, nutzloser Umweg um die Dinge. So nämlich erscheint er in den Augen der Mondänen. In den Augen jener, die für Traurigkeit keinerlei Sympathie hegen.

Für Satie liegt die Traurigkeit nicht in den Dingen, sondern in der Bewegung der Dinge. Es handelt sich dabei nicht um einen essenziellen, sondern um einen existenziellen Unterschied.

Oh, dieses Winterzimmer …

Es ist Sonntag und Satie *irrt, schwebt und nichts kann ihm etwas anhaben*. Er entgleist, in den Alkohol und in die Schlaflosigkeit. Er hält zusammenhanglose Reden vor einem Publikum, das sich scharenweise in seinem Kopf versammelt hat. Er spricht mit armen, austauschbaren Menschen, lauter Alternativströme zu seinen Wutausbrüchen. Seine Gedanken finden alle auf demselben durchgehenden Faden der Vorwürfe Platz. Er nimmt Hunderte von Klarstellungen mit Hunderten von Gesprächspartnern vor, die im wahren Leben zum Glück völlig ahnungslos sind.

Er reiht Schimpftiraden zum Großhandelspreis aneinander. Er echauffiert sich. Und dies ersetzt die fehlende Heizung in diesem endlosen Winter. Die Geschichten, die er erfindet, nehmen die Ausmaße von Büchern an. Er könnte ganze Wörterbücher von Gegenanklagen schreiben … *ich wusste, dass Sie in der Lage sind, das Seelenheil schändlich zu verschachern und in ihrem Elend ihr ästhetisches Bewusstsein zu verfälschen, aber ich hätte nie gewagt zu denken, dass Sie Unwürdiger zu den Ausgestoßenen zählen …*

Als Don Quichote seiner Wirrnis merkt Satie nicht mehr, dass er mit Abwesenden streitet. Er ist paranoid geworden. Er führt einen Zug ohne Bremsen an, der ihn auslacht und entgleist, selbst die Clochards speien in den Dampf und der Dampfauswurf macht einen Höllenlärm, die Hölle ist da, *right there*, in diesem Zimmer in Arcueil. *Mister Satie, please, sit down and welcome, entertainment. Und das geht so weiter und wird immer so weitergehen, ohne die leiseste Unterbrechung, ohne den geringsten Raum, immerzu!*

Satie verliert immer mehr den Mut. Bedrängter Satie. Er glaubt, sich verteidigen zu müssen, fühlt sich im Recht. Aber unterscheidet nicht mehr zwischen sich und sich selbst. Wer spricht auf seiner inneren Bühne: der Lächerliche? der Gentleman? der Esoteriker? der Paranoide? Er fühlt sich irgendwie löslich und aufgelöst, die Verärgerung quillt ihm aus allen Poren, aber wie soll er hier herausfinden?

Lieber zu Haus bleiben ... Oh, dieses Winterzimmer ...

Alles, nur nicht nach Hause gehen
Alles, nur nicht dorthin gehen
in diese vier kalten Wände

21

Satie verbringt die Abende der letzten siebenundzwanzig Jahre seines Lebens in Bars. Mit endlosen Spaziergängen durch Paris, vom Bistro zur Brasserie, bis in die frühen Morgenstunden hinein. Er vergnügt sich. Er sieht sich um: Vielleicht findet er Leute, die zum Himmel weinen. Da oben, Wasserfälle von Kummer, die sich als Wolken verkleidet haben? Hier unten ist Erik zum Glück beruhigt, weil er Regenschirme besitzt. Enorm viele. Aller Art. Alle identisch. So viele wie möglich. Eine Sammlung. Man ist nie ausreichend geschützt … *Also also*, sobald er ein paar Sous in der Tasche hat, kauft er sich einen Regenschirm:

einen zur Rettung *(in Schwarz)*
einen *Just in case (in Schwarz)*
einen Unglücklichen *(in Schwarz)*
einen Stabileren *(in Schwarz)*
einen der fortfliegt *(in Schwarz)*
einen Wegwerfbaren *(in Schwarz)*
einen sehr Würdevollen *(in Schwarz)*

einen Undurchlässigen *(in Schwarz)*
einen, den man kaputt machen kann *(in Schwarz)*
einen, der einen erwartet *(in Schwarz)*
einen sehr Einschüchternden *(in Schwarz)*
einen Gekünstelten *(in Schwarz)*
einen sehr Sportlichen, der einen gut verteidigt
(in Schwarz)
und den letzten, netten, nur für die Sonntage
(in Schwarz)

Alle können sommers wie winters getragen werden. Sie sind praktisch, kommen nie aus der Mode, sind unaufdringlich und sehr geduldig. Vollkommen schwarz. Es sind vierzehn an der Zahl, aber sie können nicht verhindern, dass man sich einsam fühlt. Sie erlauben, dass man sich beschirmt fühlt. Vor allem, wenn es nicht regnet.

Wo habe ich nur meinen Regenschirm gelassen? Zum Glück hatte dieser Schirm keinen großen Wert. Ich muss meinen Schirm im Fahrstuhl vergessen haben. Mein Schirm wird sehr besorgt darüber sein, mich verloren zu haben.

Manche Tage sind äußerst labil. Der Regen macht ihm nicht eigentlich Angst, aber in der vergangenen Nacht schon. Er wird nicht fertig damit, die Reste seiner Kindheit fortzuwischen. Sie schweben umher; wenn es regnet, schöpft Satie Wasser, oh, dieses Winterzimmer … *Home sweet home.* Woher rührt die Langsamkeit? Diese langsame Stunde, die man nicht mehr zusammen verbringt, die man nicht mehr überholen wird? *Vanished* … Nur die Magerkeit wird nicht verschwinden, nur die Magerkeit, wie spät ist es? Des Nachts redet Erik Satie irr. Im Zwielicht sieht er einen See und Wind; eine Treppe hinaufsteigen; langsamer werden, *Mein teurer Claude*, ich habe mir Ihre Interpretation des Meeres angehört und mir ist daran gelegen, Ihnen hinsichtlich des ersten Teils mit dem Titel «De l'aube à midi sur les vagues» etwas mitzuteilen: *ah, mein guter Alter, ich finde vor allem jenen kleinen Moment zwischen zehn Uhr dreißig und Viertel vor elf ganz verblüffend.* Aber jedes Mal, wenn Freude aufkommt, krampfen Sie mir das Herz mit einer unzulässigen Note zusammen. Dabei verdanke ich es Ihnen, dass ich barfuß bis zu den Knien ins Wasser gehe und mit der Hand über die Oberfläche der Dinge streiche: Es ist glatt und tönend.

Ah endlich! sehe ich die Nacht. Sie spaziert durch den Wald, überall ist sie heimisch, sie scheint mich zu mögen, wir werden sehen, ob es von Dauer ist. Die Nacht wünscht uns «*gute Nacht*». Oh, wie tief es ist … wie weit … woher stammt diese ungezogene, schlecht angezogene Musik? Was für eine merkwürdige Nacht, nicht wahr? Oh, dieses Zimmer, im Winter. Und im Sommer. Oh, der Tod, der langsam die Hand nach einem ausstreckt, ohne einen darüber ins Bild zu setzen. Er zieht einen hinter sich her. *Recht langsam. Recht langsam. Sehr verbunden und schwermütig. Sehr. Leicht aber kräftig. Langsamer.*

Von vorn. Breiter. Zurückhaltend, bitte. Langsamer. Hervortretend. Langsamer. Langsamer. Sehr verbunden. Von vorn. Besonders. Zurückhaltend, bitte. Langsamer. Verlangsamend. Ich bin der Präziös-Angewiderte, der Sohn der Sterne, der in eine eingefrorene Sonne eintritt. *Die Sonne ist am frühen Morgen gut gelaunt aufgegangen. Die Temperatur wird über dem Durchschnitt liegen, denn das Wetter ist prähistorisch und gewitterig. Die Sonne steht hoch oben am Himmel. Sie sieht aus wie eine gute Freundin. Aber lassen wir uns nichts vormachen. Dieser Teil der Welt wird von einem einzigen Menschen bewohnt. Er langweilt sich dermaßen, dass er sich totlacht. Der Schatten der jahrtausendealten Bäume zeigt 9 Uhr 17 an. Die Kröten rufen sich beim Namen. Magerer Tanz: recht langsam, wenn Sie einverstanden sind. Von Ferne und gelangweilt. Sehr leicht. Schwer. Unruhe mittendrin. Ohne dass die Finger erröten. Hervortretend, nicht wahr. Auf vergilbtem Samt. Weiter. Voller Subtilität, wenn Sie mir Glauben schenken wollen. Geräuschlos, glauben Sie mir nur. Trocken wie ein Kuckuck. Zurückhaltend. (Sehr viel) langsamer. In einem Atemzug. Für einen Moment sichtbar sein. Im tiefster Stille (in the deepest silence). Bis zur Schwächung fallen. Mit beherztem Leichtsinn und bereitwilligem Einzelgängertum. Ebenso. Immerzu. Sich von Ferne betrachtend. Seine eigene Präsenz leugnend. Weiß und reglos. Immerzu. Wertvoll. Blass und feierlich. Wie eine sanfte Bitte. Mit leichter Intimität. Fragen Sie. Mit den Fingerspitzen der Gedanken. Bewerben Sie sich in sich. Langsamer, leiser, langsamer, leichter, langsamer …*

Für sich enden. Immerzu.

LEBEWOHL! GUTEN ABEND!
LEBEWOHL! DIE TAGE

22

Der Tag bemüht sich zu tönen, und die Nacht wird humorlos krepieren. Alles geht in sie ein: der große Kummer, die Bitterkeit, die Schüchternheit, die Verlegenheit. Er vertraut nur seinen Noten, seinen Phrasierungen jenseits der Sprache. Die Einbahnstraße entzieht sich ihm durch eine implizite Tür. Seine Musik ist die intime Geschichte seines Verschwindens.

Er verschwindet hinter seinem Monokel. Sein Blick ist ehrlich und nackt, voll Staub und Temperament. Voll von dieser Distanz, die die Schüchternen vor sich ausrollen, um entkommen zu können. Es gibt bei Satie eine Geheimpforte, die immer offen steht und zugig ist. Sie hinterlässt frustrierte, eingefrorene Leute. Wenn er zu seinen Melodien zurückkehrt, kehrt er zu euch zurück. Er verschwindet wieder vor euren Augen, die Tonleitern hinuntergleitend, wie Kinder eine Rutsche. Er versteht sich darauf, unsichtbar zu werden. Und seine weißen, durchsichtigen Noten, die verwaist und nie vulgär sind, erzählen von der Unermesslichkeit, die unter die Skizze schlüpft, das ist alles.

Erst nach seinem Tod erfuhr man von seinem Elend. Zu seinen Lebzeiten brachte er die Leute zum Lachen oder er sprach von etwas anderem. Niemand konnte ahnen, dass er in seinem Versteck zwei Klaviere verborgen hielt, die aneinandergeschweißt waren wie zwei Brüder, die nicht in der Lage waren zu gehen. Zwei Teile seiner selbst, verstimmt. Wie konnte er nur in diesem letzten Zimmer komponieren, zwischen diesen Ausdünstungen von Traurigkeit und Verlassenheit? Keiner von uns wusste es. Wir alle sind achtlos an ihm vorübergegangen.

Dieses achtlose Vorübergehen an Satie war seine Lebensunterschrift. Das Jahrhundert hatte ihm keine Beachtung geschenkt, weil es seine Person verachtete, weil es dort, wo Feinfühligkeit war, bloß banale Einfachheit sah, und weil es Gefallsucht mit Hochmut verwechselte. Wir alle haben ihm keine Beachtung geschenkt, auch Conrad nicht. Wie entsetzlich war es für ihn, vom Tod seines Bruders durch die Presse zu erfahren, dort, in dem schmutzigen, anonymen Waggon eines Zuges, als er sich über die Seite der Zeitung seines Nachbarn beugte … Der elende Tod des Erik Satie.

Ein Musiker ist gestorben, der ein Vorreiter war, mit einem außergewöhnlichen, schwermütigen Schicksal. Vom Publikum weitgehend unbeachtet geblieben und von seinesgleichen mit Gleichgültigkeit bedacht. Er hat das Leben just in dem Moment verlassen, da der Undank der Menschen vermutlich seinen Höhepunkt erreicht und ihm bittere Enttäuschungen bereitet hätte. Vielleicht hat er das Beste von sich hineingelegt, etwas, das er uns noch nicht gegeben hatte.

Conrad hatte von der langen Krankheit nichts gewusst, die seinen Bruder ausgetrocknet und ihm ein Loch in die Leber gegraben hatte, ein *Trou Normand*, einen Brunnen von Honfleur, in dem der Alkohol plätscherte, denn es ist nun einmal so, dass die Leute einem gern ein Glas ausgeben, *aber Sie werden niemanden finden, der Ihnen ein Sandwich schenkt …*

Wenn Debussy noch am Leben gewesen wäre, hätte er diese fürchterliche Zirrhose «die langsamste» genannt, um seinen lebenslangen Freund zum Lachen zu bringen. Aber Claude war schon lange gestorben und Conrad war nicht zu Eriks Begräbnis gekommen. Misst sich der Wert eines Lebens an der Sitzordnung beim Leichenschmaus? Wenn dem so ist, dann gibt es heute nur Abwesende. Die Leute lassen Sie krepieren, um sich anschließend über Ihren Tod zu wundern … Erst wenn der Mensch gegangen ist, entdeckt man, wie sehr man ihn entbehrt. Solange er lebt, ist er in einem Winkel des Kopfs oder der Erinnerung: Er existiert, und dann auf einmal regnet es. Auf einmal besteht die Möglichkeit, sich nicht wiederzusehen.

Nun, da wir in Arcueil an der Maison aux Quatre Cheminées vorbeikommen, können wir uns Erik nicht mehr vorstellen, im zweiten Stock, zurückgezogen hinter geschlossenen Fensterläden, wie er einen Wutanfall wegen wer weiß wem bekommt.

Er ist einfach nicht mehr da.

Ganz einfach, wie eine Melodie von Erik Satie.

Oh, dieses Winterzimmer ...
Dort oben, im zweiten Stock
Dieses geräumte Zimmer
Und all die Leute der Bande von heute, am Dienstag, den ersten Juli 1925 auf dem Friedhof von Arcueil, wir sind alle ein Stück gestorben
Mit ihm gestorben
Ja, wir sind alle ein Stück gestorben

Manchmal, wenn man Glück hat, führt einem das Leben jemanden über den Weg, der ein kleines geheimes Stück von einem besitzt, das ihm gehört. Man redet nie darüber, man weiß es. Satie gehörte zu diesen Menschen. Indem er er selbst war, raubte er den anderen etwas, das er anschließend der Intimität eines Taktes einhauchte. Nur für Sie. Da. Hören Sie, diese labile *Gnossienne*, die nur für Sie gemacht ist, die in Ihnen Stille ausbreitet und Sie tiefer macht.

Ja, Erik Satie war weiter als so mancher andere, und in seinem Verschwinden wurden Sie unkenntlich. Heute sind wir alle ein Stück gestorben.

Mir ist schon ganz schlecht davon, mich ständig für Sie auf Zeitreise zu begeben. Alles tönt. Ich höre seine Stimme. Seine kleine energische Anarchostimme, jähzornig und aufrichtig. Sein tiefes, aber nicht gravitätisches Timbre. Sein ganzes Leben ist ernst, aber nicht so gravitätisch.

Heute ist Satie gestorben.

Er tanzt, er stampft ungeduldig mit den Füßen auf, er öffnet seine Regenschirme, er grüßt, ganz leise, er schleppt sich ein wenig den Boulevard Montparnasse entlang, erreicht die Rue Cortot und geht ganz klein, allegro, durch Paris, mit seinem niedergeschlagenen, griesgrämigen Gesicht und ruft den Pianisten zu: *«Heute Abend wird der zweite Takt trocken gespielt!»*, trocken und blind, es lebe der Absinth, heute Abend habe ich keine rechte Lust zu lächeln. Also sehen wir uns alle mit hängenden Armen an, mit megakubistischem Bart, aber selbst die literarischsten unter uns haben keine Lust mehr, auch nur ein Wort zu sprechen.

Heute Abend sitzen wir alle auf dem Trockenen.

Dieses Mal wird es ihm gelungen sein, uns aus dem Urlaub zurückzuholen … Schluss mit dem Verschwinden, Satie ist gestorben und alle Katzen sind schwarz.

In der Avenue Trudaine ist es still in der Auberge du Clou. Die Jugend der Schule von Arcueil ist verwaist und gezwungen, groß zu werden. Conrad schafft es nicht einmal mehr, die Augen für den Tod seines Bruders zu öffnen, was nutzt es, die Augen zu öffnen? Seit zehn Jahren hatten sie sich nicht mehr gesehen. Bis heute war er wütend, nun ist er am Boden zerstört. Was für eine Zeitvergeudung, diese Streitereien, tja, und nun ist sogar der Takt aus den Partituren verbannt, als Hommage ... Man schlägt nicht mehr den Takt, man schlägt ihn tot. Herzstillstand. Der Leichenzug geht vorüber und das gesamte Jahrhundert folgt ihm, samt seinem Miss- und Unverständnis.

Heute weiß man, dass Erik Satie seiner Zeit voraus war. Im Übrigen geht er dort vorn, an der Spitze des Zuges, reglos und ohne Klavier, wieder hängt die Avantgarde die Wagnerianer, die Altmodischen ab, er bittet uns, auf seine Weise still zu sein, als würde er seine Partitur schwärzen: «*Warten Sie, Warten Sie, ein kurzes Innehalten, Pause bitte, den Schädel weit öffnen.*» Dieses Mal spottet keiner mehr, man begreift. Keiner ist mehr verwirrt, nein, man erkennt die weite Strecke, von der er sprach und die man nicht einholen konnte. Man hält ihn nicht mehr für exzentrisch, man fühlt sich aus dem Zentrum verdrängt.

Am Horizont: ein paar gerührte Noten, die er wie Kiesel für die kommenden Generationen hinterlassen hat. Man hört die Musik und wie sie rührt man sich nicht mehr. Die Julisonne ist eiskalt.

Man ist empört über diese Stille.

Ja, jetzt sieht man sie. Sie tritt in Erscheinung. Sie bewegt sich. Sie bildet sich heraus. Schüchtern. Sie wird langsamer. Sie erwartet uns, Sondervorstellung des Sonderlichsten unter uns: Der Saal ist proppenvoll, weil es kein Maß für die Füllhöhe gibt, weder ein Programm noch Pfiffe, wir sind da, ohne ihn.

Wir ohne ihn ist zu wenig.

Zu klein.

Klein wie der Wandschrank dort oben auf dem Hügel von Montmartre, und ganz unten: Paris, das ihm alles gegeben und ihn uns genommen haben wird.

So begleiten wir ihn heute Nacht ein letztes Mal. Ihn und sein Rätsel, das merkwürdig ist wie ein unaufgeklärtes Verbrechen. Seine feinfühlige Schwärze und seine Lebensangst.

Man hält die Lebenden nicht leichter zurück als die Toten. Satie wird es sein Leben lang vergeblich versucht haben. Aber es gibt Gerechtigkeit, denn heute erinnert man sich an ihn. Er ist sogar kompakt in Discs für werdende Pianisten gebrannt: Die haben sich nicht geirrt. All das – die Konzerte, die Marathons, die Huldigungen – ist Unsinn. Nichts, Wind, Leere, *ein Nichts, ein Hauch, ein Nichts.* Heute Abend ist der Himmel blau. Man muss auf Distanz gehen, sich entfernen, ihm seinen Raum, ihn in Ruhe lassen. Das Leben erscheint mir jetzt so weit fort. Und die Vergangenheit so endgültig. Satie wird nicht wiederkehren. Er ist an einer entsetzlichen Magerkeit gestorben, sein verzweifelter Mund fuhr fort, uns allen, uns allen zu sagen: Geht über dieses tiefe Heute hinaus. Seine Musik war entschieden aberwitzig, genau wie sein Leben.

Das Ende eines Tages geht schnell vorbei. Zehn wahre Sekunden für einen Sonnenuntergang, mehr nicht. Man muss nur warten. Der Himmel hat nichts zu sagen: Da oben ist niemand, der wacht oder überwacht. Es gibt dort oben nicht einmal Einsamkeit, es ist dort zu warm, das ist eine schlichte Banalität. Und das wahre Problem ist, dass man keinen Glauben besitzt. *Das ist das Leben, mein Alter, daran gibt es nichts zu verstehen.*

Traurige Leute beneidet man nie. Man bemerkt sie. Man setzt sich hin. Manchmal nähert man sich ihnen, um die kilometerweite Immunität, die uns Schutz voreinander bietet, zu ermessen, und dann kehrt man zurück nach Haus. Traurige Leute sind wie schüchterne Leute: Sie geben einem alles und nehmen einen, wie man ist. Sie lächeln viel, *möglich, ja, möglich.* Sie sind einem zu schnell vertraut, aber wenn sie unter Leuten sind, lassen sie Vorsicht walten. Traurige Leute begeistern sich für Nichtigkeiten, weil sie sich bei allem langweilen. Wenn sie zu lange reden, verdichten sie sich, genau wie ihre schwarzen Gedanken. Traurige Leute sind voller Friedhöfe, aber sie fürchten den Tod. Am Grund ihrer Seele ist jemand, der verloren ging, nicht wiederkehrt. Und sich vermindert. Zum Glück werden Menschen geboren und gleichen sich.

War Erik Satie verrückt? ... Das ist eine große Frage seines Lebens, eine große Traurigkeit in einem unlösbaren Missverständnis zwischen ihm und dem Jahrhundert. Worauf seine enttäuschte Stimme in einem Flüstern erwidert:

«Mal machen sie aus mir einen Verrückten, mal stellen sie mich als sanftes Wesen dar, dessen Oberflächlichkeit es nur mit der eigenen aufnehmen kann.
Vielleicht irren sie sich.
Und das bereitete mir großen Kummer.»